Dr. Vinod Verma

Das Ayurveda-Programm für jeden Tag

Ganzheitlich gesund und schön
mit den Ratschlägen der
»First Lady of Ayurveda«

Mit 55 Fotos und 14 Abbildungen

Aus dem Englischen
von Dr. Heinrich Heyne

nymphenburger

Dieses Buch ist meinem Guru Acharya Priya Vrat Sharma gewidmet, der sein immenses Wissen über Ayurveda und die indische Tradition immer großzügig weitergegeben hat. Besonders bedanke ich mich bei meinen Kursteilnehmern und Lesern aus aller Welt, deren zahlreiche Anregungen mich zu diesem Buch inspiriert haben.

Im Anhang finden Sie Adressen, wo Sie die entsprechenden Gewürze, Zutaten und Arzneien erwerben können.

Die Ratschläge in diesem Buch sind von Autor und Verlag sorgfältig geprüft, dennoch kann keine Garantie übernommen werden. Jegliche Haftung des Autors bzw. des Verlages und seiner Beauftragten für Gesundheitsschäden sowie Personen-, Sach- und Vermögensschäden ist ausgeschlossen.

Besuchen Sie Frau Dr. Verma im Internet unter www.ayurvedavv.com
und die nymphenburger unter www.herbig.net

© 2002 nymphenburger in der F.A. Herbig Verlagsbuchhandlung GmbH, München.
Alle Rechte, auch der fotomechanischen Vervielfältigung und des auszugsweisen Abdrucks, vorbehalten.
Schutzumschlaggestaltung: Wolfgang Heinzel
Schutzumschlagmotiv: oben: ZEFA, Düsseldorf; unten: Karin Ritter, Emmendingen
Satz: Walter Typografie & Grafik GmbH, Würzburg
Gesetzt aus 10,5/13,5 Punkt Optima
Druck und Binden: Wiener Verlag, Himberg
Printed in Austria
ISBN 3-485-00908-3

»Jeder verständige Mensch mit Geist, Kraft und Mut muss auf sein Wohlbefinden achten, hier und im nächsten Leben, und muss drei Dingen nachgehen: dem Streben nach Leben, dem Streben nach Wohlstand und dem Streben nach dem nächsten Leben.
Von diesen Dingen ist das Streben nach Leben das wichtigste. Warum? Weil sich mit dem Abschied vom Leben auch alles andere verabschiedet. Das Leben kann bewahrt werden, indem Gesunde bestimmte Verhaltensregeln beachten und Kranke mit Sorgfalt geheilt werden.«

Charaka Samhita*
Sutrasthana, XI, 3–5

---

* Charaka war einer der großen Weisen des Ayurveda und lebte im 6. Jahrhundert vor unserer Zeitrechnung. Seine Arbeit ist im Charaka Samhita zusammengefasst.

Inhalt

Dr. Vinod Verma

Das Ayurveda-Programm
für jeden Tag

Einführung

Das vorliegende Buch ist ein einfach gehaltener, praktischer Leitfaden mit erläuternden Bildern, den ich auf Anregung vieler meiner Studenten verfasst habe. Ich unterrichte in Europa und gebe auch in Indien in meinen beiden Zentren die praktische Ayurveda-Heilkunst weiter, die ich auch ›Großmutters Ayurveda-Tradition‹ nenne. Das Buch wird für all diejenigen von Nutzen sein, die die verschiedenen Ayurveda-Methoden selbst anwenden wollen, um gesünder und harmonischer zu leben. Die besondere Denk- und Lebensweise des Ayurveda wird hier angewendet auf den Alltag, damit wir Stress und anderen ungesunden Belastungen, denen wir im modernen Alltagsleben ausgesetzt sind, besser begegnen können.

Das Wichtigste im Leben ist das Leben selbst.

In diesem Sinne wollen wir versuchen, das Beste für unser kostbares Leben zu tun. Mehr als die Zahl der Jahre zählt dabei die Qualität des Lebens. Mit Lebensqualität meinen wir dabei nicht nur ein langes Leben voller Schaffenskraft und Vitalität, ohne Krankheit und Gebrechen, sondern auch die notwendige seelische Kraft, um im Auf und Ab des Lebens die Balance zu halten und das Leben mit Mut und Würde zu meistern. Dieses Vermögen schöpfen wir aus *Sattva* – der inneren Ruhe. Ayurveda ist allgemeine Lebenskunde, die sich mit sämtlichen Dimensionen des täglichen Lebens befasst. Hier beschränke ich mich jedoch darauf, dem Leser die praktischen Ayurveda-Methoden für den Alltag nahe zu bringen. Viele interessante Einzelaspekte, die hier

nicht berücksichtigt werden konnten, habe ich an anderer Stelle bereits behandelt; bei wichtigen Zusammenhängen wird im Text darauf verwiesen.

Dem Leser sei empfohlen, zunächst das gesamte Buch durchzugehen und dann die hier vorgestellten Anwendungen einzeln und nacheinander in seinen Tagesablauf zu integrieren. Sie werden bald feststellen, wie sich Ihr Aussehen und auch Ihr Energieniveau verbessern.

Am Anfang ist es wichtig, sich mit den Grundlagen der Ayurveda-Heilkunde und der dahinter stehenden Lebensphilosophie vertraut zu machen. Die Tages-, Wochen- und Monats-Programme macht man anschließend am besten Schritt für Schritt, sodass sie allmählich in Fleisch und Blut übergehen und dann ganz spontan ablaufen. Man trainiert zum Beispiel zunächst das Programm für den Morgen über mehrere Wochen, bis es zur Routine geworden ist, und fügt dann weitere Bestandteile hinzu. Sie werden so schnell lernen, auf Ihre Körpersignale zu achten, und sind dann auch besser in der Lage, Beschwerden und leichten Erkrankungen sehr schnell entgegenzuwirken. Denn es ist gerade die Häufung und Fortdauer einfacher Beschwerden, die letztlich zu schwereren Erkrankungen führen. Darum macht sich die Zeit, die Sie jetzt in die Pflege von Körper und Geist investieren, langfristig mehr als bezahlt.

Das erste Kapitel ist eine einfach gehaltene Einführung in die Grundzüge des Ayurveda. Viele Menschen, besonders Inder aus der Stadt und Menschen im Ausland, meinen, Ayurveda sei einfach nur eine uralte Heilkunde und damit verbinden sie ausschließlich die moderne Medizin oder Allopathie. Diese betrachtet den Körper jedoch eher wie eine Maschine, die man anhand ihrer Einzelteile untersuchen kann. Tatsächlich fassen viele moderne Autoren, insbesondere aus dem Westen, Ayurveda in gleicher Weise auf. In Wirklichkeit ist Ayurveda jedoch viel

umfassender, nicht nur Heilkunde und Medizin, sondern eine systematische Abhandlung über den Lauf des Lebens, denn es ist nun einmal nicht möglich, das ganzheitliche Leben als Ansammlung von Bruchstücken aufzufassen. Ayurveda betrachtet sämtliche physischen, geistigen, sozialen, philosophischen, spirituellen und kosmischen Dimensionen des Menschen als miteinander verbunden und voneinander abhängig. Magenprobleme zum Beispiel können einfach auf eine schlechte Sitzhaltung zurückgehen oder Folge von Ärger und quälenden Sorgen sein; in solchen Fällen sind dann Medikamente, eine angemessene Diät, Körperübungen und psychologische Beratung gleichzeitig notwendig. Anhaltende Verdauungsbeschwerden ziehen mit der Zeit möglicherweise noch andere Probleme wie Albträume, blasse Gesichtsfarbe oder Menstruationsbeschwerden nach sich. Deshalb will dieses Buch den Leser für eine ganzheitliche Lebensweise sensibilisieren und ihm die Zusammenhänge und wechselseitigen Abhängigkeiten verschiedener Lebensbereiche vor Augen führen.

Die hier vorgestellten einfachen Ayurveda-Anwendungen werden Ihnen einen gesunden Lebensstil nahe bringen und Ihre Lebensqualität verbessern, indem sie Ihre Vitalität und Abwehrkraft (im Ayurveda *Ojas* genannt) erhöhen. Wenn Sie sich für diese bewusste Lebensführung entscheiden und die ersten positiven Ergebnisse feststellen, werden Sie von allein mehr über Ayurveda erfahren wollen.

Das hier beschriebene Ayurveda-Wissen geht auf eine Vielzahl von Originalquellen zurück, die vom *Atharva Veda* über die in verschiedenen Regionen Indiens weiterlebende traditionelle Heilkunde bis hin zu weisen alten Heilkundigen reichen. Sämtliche Anleitungen wurden – unabhängig von der Quelle – von mir in der Praxis mehrfach auf ihre Wirksamkeit hin überprüft, wobei ich eine Reihe von Variationsmöglichkeiten, teilweise auch gänz-

lich neue Verfahren gefunden habe. Dieses Buch ist das Ergebnis meiner Arbeit der zurückliegenden zwanzig Jahre, in denen ich Yoga und Ayurveda zur Förderung von Gesundheit und Harmonie unterrichtet habe. Insbesondere der ständige enge Kontakt zu meinen Studenten hat es mir ermöglicht, diese systematische, doch leicht verständliche Abhandlung über die Anwendung von Ayurveda-Verfahren im Alltag zu verfassen.

Besonderes Augenmerk habe ich in diesem Buch darauf verwandt, die Beschränkungen des modernen Lebens mit seiner Hektik und seinem Stress zu berücksichtigen. Mein Rat ist: Geben Sie Ihrer Gesundheit Vorrang vor allem anderen und gehen Sie daran, jetzt Zeit für Ihre zukünftige Gesundheit aufzubringen, so wie Sie auch Geld in Ihre Altersvorsorge investieren. Viel Erfolg!

1 Grundlagen des Ayurveda

Ayurveda ist die gesammelte Lebensweisheit des alten Indien. Es lehrt uns das Handwerk des Lebens ebenso wie die Kunst des Lebens und wird deshalb oftmals einfach als die »Lehre vom Leben« bezeichnet. Ob wir unter Krankheiten oder Beschwerden leiden, ob uns Schmerzen oder Sorgen plagen, Ayurveda bietet in allen Fällen Hilfe oder Abhilfe, gibt uns vielfältig Rat und zeigt uns manchen Weg auf, Körper und Seele wieder in ein harmonisches Gleichgewicht zu bringen. Ayurveda hält uns fit und gesund, macht uns kräftig und vital und hilft uns auch beim Älterwerden. Ayurveda ist eine umfassende Lebenswissenschaft, die darauf zielt, ein ausgefülltes und zufriedenes Leben ohne körperliche oder seelische Beschwerden genießen zu können. Ayurveda versucht also, die wahre Lebensqualität zu verbessern. Dies wird nicht allein durch eine ausgewogene Ernährung und mit Naturheilmitteln erreicht, sondern erfordert gerade auch unsere eigene geistige und spirituelle Anstrengung. Das Wort *Ayus* bedeutet Leben oder Lebensspanne (von der Geburt bis zum Tod) und *Veda* ist die Weisheit. Dementsprechend betrachtet Ayurveda immer das Leben als Ganzes und die Bedürfnisse des einzelnen Menschen in Zusammenhang mit seinem körperlichen und seelischen Wohlbefinden, der Umwelt, seiner Situation in Familie und Gesellschaft sowie seiner spirituellen Entwicklung.

Zur Geschichte des Ayurveda

Man sagt, Ayurveda sei so alt wie die Menschheit, und Gott *Brahma* selbst habe diese Tradition begründet, als er die Welt erschuf. Die ältesten Schriftzeugnisse über Ayurveda stammen jedenfalls aus dem *Rig Veda* und dem *Atharva Veda,* beide etwa zwischen 3500 und 5000 Jahre alt. Die mündliche Überlieferung der Vedas dürfte aber noch wesentlich älter sein. Rig Veda ist das älteste dieser Schriftzeugnisse; danach folgten *Yajur Veda, Sam Veda* und schließlich Atharva Veda, der letzte der vier großen Vedas. Während sich im Rig Veda bereits verschiedene Hinweise auf die alten Heilkünste finden, gilt der Atharva Veda (der Veda vom Feuer) als die eigentliche Quelle des Ayurveda. Der Atharva Veda behandelt nicht nur medizinische Fragen, sondern beschäftigt sich auch mit materiellen, sozialen, politischen und rituellen Aspekten. Wir finden dort die erste Erwähnung von *Vata, Pitta* und *Kapha,* den drei Grundenergien des Körpers. Der Text handelt ferner von spiritueller Heilung durch rituelle Zeremonien und hebt den Einsatz der spirituellen Therapie neben der rationalen Therapie besonders hervor. Es ist einer der beeindruckendsten Berichte aus der alten Welt über die dreidimensionale, ganzheitliche Form der Behandlung von Krankheiten: Die rationale Therapie erfolgte auf Basis pflanzlicher und mineralischer Heilmittel, die mentale Therapie arbeitete mit rituellen Zeremonien und Mantras, während die spirituelle Therapie in der Anbetung heiliger Kräfte in Sonne und Mond oder auch Bergen und Flüssen bestand. Wie man Infektionen behandelt, komplikationslose Geburten einleitet oder das Herz einer Dame gewinnt – mit dem Atharva Veda war man gegen viele Fährnisse des Lebens gefeit. Der Atharva Veda beschreibt die Wirkung vieler Heilpflanzen, Curcuma (Gelbwurz), Indiens wohl bekanntestem Speisegewürz, das mittlerweile auf der ganzen Welt berühmt ist, wird zum

Beispiel Folgendes nachgesagt: »*Voller Lebenskraft, O Haridre (Curcuma), du bist die beste aller Medizin, wie die Sonne am Tag und der Mond in der Nacht.*« (VI, 29) Im Atharva Veda findet sich auch die Beschreibung von Heilpflanzen zur Behandlung von Hautkrankheiten (I, 24), Hepatitis, Malaria, Typhus, Tuberkulose, Epilepsie und anderen Erkrankungen, ferner eine Darstellung der menschlichen Anatomie. Der Atharva Veda ist sehr inspirierend und die spirituelle Komponente der im *Ayurveda-Programm für jeden Tag* vorgestellten Übungsprogramme sind das Ergebnis meiner Beschäftigung mit diesem alten Text.

In späterer Zeit wurde Ayurveda getrennt von den vier alten Vedas als eigenständiger Veda niedergelegt. Der älteste vollständige und detaillierte Text über Ayurveda, der uns zur Verfügung steht, ist die *Charaka Samhita,* die etwa tausend Jahre nach dem Atharva Veda entstanden ist. Das Grundkonzept hierfür wurde um 1000 v. Chr. von dem Schriftgelehrten *Atreya* auf einer Reihe von Symposien in Diskussionen mit anderen Weisen und Gelehrten des Landes entwickelt und von *Agnivesha,* seinem begabtesten Schüler, unter dem Titel *Agnivesha-Tantra* schriftlich niedergelegt. Der Text wurde etwa dreihundert Jahre später durch Charaka inhaltlich erheblich erweitert und ist seither als *Charaka Samhita* bekannt. Um das Jahr 4 n. Chr. schließlich überarbeitete *Dridhabala* das Werk ein weiteres Mal und fügte zahlreiche Ergänzungen mit wichtigem Material seiner Zeit hinzu. Diese Überarbeitung ist die uns heute bekannte Form der Charaka Samhita.[*]

---

[*] Die umfassendste Edition nebst englischer Übersetzung ist von Acharya Priya Vrat Sharma, veröffentlicht in vier Bänden bei Chaukhambha Orientalia, Delhi, 1981–1993. Die Einleitung zum ersten Band enthält detailliertes Material zur Geschichte des Ayurveda.

Eine andere bedeutende Ayurveda-Schule des alten Indien ist die von *Dhanvantari.* Sie bestand wohl zur selben Zeit wie die von Atreya, befasste sich jedoch ausschließlich mit Operationstechniken. Die dieser Schule zugehörige Textquelle, die *Sushruta Samhita,* wurde von dem großen Arzt und Chirurgen *Sushruta* verfasst, einem Zeitgenossen Charakas. Sie ist vor allem deshalb wertvoll, weil darin neben rein medizinischen Aspekten und den verschiedenen Operationstechniken auch einzelne chirurgische Instrumente beschrieben werden.

Nicht unerwähnt bleiben sollen schließlich das *Ashatanga Samgraha* und das *Ashatanga Hridya,* beide verfasst im Jahre 6 n. Chr. von *Vagbhata,* der die Arbeiten von *Charaka* und *Sushruta* zusammenfasste und um neuere Heilmethoden erweiterte.

An dieser Stelle brauchen wir nicht weiter auf die geschichtlichen Einzelheiten einzugehen. Es bleibt jedoch hervorzuheben, dass die antike Ayurveda-Literatur neben den Grundlagen der gesundheitsbewussten Lebensführung und der Allgemeinmedizin acht weitere Bereiche behandelt: 1. Innere Medizin, 2. Kinderheilkunde, 3. Augen- sowie Mund-, Nasen- und Ohrenheilkunde, 4. Psychiatrie, 5. Chirurgie und plastische Chirurgie, 6. Toxikologie, 7. Regeneration und langes Leben sowie 8. Männlichkeit, Sexualität und Fortpflanzung.

Seit dieser Zeit hat sich Ayurveda natürlich weiterentwickelt und in vielerlei Hinsicht verändert, ist jedoch über die Jahrtausende in Indien bis heute als Tradition lebendig geblieben. Während der moslemischen Expansion gelangte Ayurveda sogar bis Bagdad und befruchtete dort die Tradition der *Unanai-*Heilkunde und in moderner Zeit leistete Ayurveda eine Reihe von wichtigen Beiträgen zur Homöopathie und auch zur westlichen Medizin.

In der Charaka Samhita finden sich ferner Betrachtungen über die Qualität von Wasser und Luft, darüber, wie Umweltschäden Wetter und Klima beeinträchtigen können. Gerade in einer

16

ganzheitlichen Betrachtungsweise sind die wechselseitigen Abhängigkeiten von Klimaveränderungen und Umweltschäden von besonderer Bedeutung, denn – so wird dort gesagt – Nahrungsmittel und pflanzliche Arzneien, die in einer belasteten Umgebung heranwachsen, können leicht ihre positive Wirkung verlieren und für den Mensch von Schaden sein, sogar die Gesellschaft als Ganzes negativ beeinflussen.

Der große Wissensfundus der Charaka Samhita reicht über Zeit und Raum hinaus und bietet ein enormes Spektrum an Anwendungsmöglichkeiten. Bedauerlicherweise wird Ayurveda jedoch trotz allem mit reiner Pflanzenheilkunde oder Ähnlichem verwechselt.

Ist Ayurveda wissenschaftlich?

In den letzten zehn Jahren ist Ayurveda weltweit sehr populär geworden. In der westlichen Welt, wo Ayurveda zwar nicht offiziell als medizinische Heilkunde anerkannt, aber in der Vorsorge oder als ergänzende Therapie durchaus verbreitet ist, gilt alternative Medizin, sei es aus dem Osten oder die eigene aus dem Mittelalter, nicht als wissenschaftlich. Diese Vorstellung wissenschaftlicher Medizin ergibt sich aus den Beschränkungen des zu Grunde gelegten Wissenschaftsverständnisses, dem zufolge Krankheiten mit technischen Mitteln feststellbar und medikamentöse Wirkstoffe anhand von Laborversuchen und in klinischen Testreihen standardisiert werden müssen. Dabei finden die individuelle Veranlagung und besonderen Lebensumstände des Patienten nur selten Berücksichtigung. Ayurveda hat ein grundsätzlich anderes Verständnis von Gesundheit, Krankheit und Heilbehandlung; dies bedeutet jedoch nicht, Ayurveda sei nicht wissenschaftlich.

Traditionelle Naturheilverfahren sind in vielen Teilen der Welt bekannt. Sie umfassen gewöhnlich neben der Anwendung

bestimmter pflanzlicher Wirkstoffe auch zeremonielle und rituelle Heilverfahren, anders als im Ayurveda liegt ihnen jedoch kein systematisches Lehrgebäude zu Grunde. Im Rahmen der Ayurveda-Heilkunde werden Ursachenforschung, Pharmakologie, Toxikologie, spezielle Diätvorschriften, Chirurgie, Psychologie, die Verantwortung von Arzt und Patient und zahlreiche andere Bereiche in einem Gesamtzusammenhang betrachtet. Aus diesem Ansatz heraus empfiehlt Ayurveda, rationale, mentale und spirituelle Therapien gleichzeitig und nicht unabhängig voneinander anzuwenden. *Acharya Priya Vrat Sharma* beschreibt diesen ganzheitlich-wissenschaftlichen Ansatz des Charaka folgendermaßen:

»Die Caraka Samhita nimmt eine ganzheitliche Sichtweise des Menschen ein und betrachtet ihn nicht als Anhäufung von kleinen Zellen. Glück oder Unglück sind letztlich die Folge von Gesundheit oder Krankheit und dies betrifft eine Person als Ganzes und nicht teilweise. Tridosa und die Psyche durchdringen den gesunden wie den kranken Körper insgesamt ... Dieser Deha-Manasa-Ansatz (Körper-Geist) ist ein wichtiger Beitrag der Caraka Samhita auf dem Gebiet der Medizin. (...)

Der Mensch ist keine Maschine und demzufolge kann es auch kein einheitliches Funktionsprinzip geben, das für alle Menschen gilt. Jede Person besitzt ihre eigene Individualität mit einer gewissen Variationsbreite; diese bestimmt die jedem Menschen eigene Veranlagung, die ihn von anderen unterscheidet, und wird als Prakriti bezeichnet. Jede Behandlungsform oder Therapie kann deshalb nur unter Berücksichtigung der Veranlagung der zu behandelnden Person und ihrer Eignung hierfür angewendet werden. (...)

Um das Konzept (von Logik) zu verfeinern, wurde einem der Pramanas (Mittel gesicherten Wissens) die Vorstellung von Yukti (Rationalität) hinzugefügt. Caraka hob durchgängig hervor,

gemäß Yukti zu arbeiten. Er riet, immer gezielt mit Wissen vorzugehen. Es sollte immer eine klare Verbindung zwischen theoretischem Wissen (Jnana) und praktischer Kenntnis (Karma) bestehen. Caraka hat also den Forschungsprozess betont, der wesentlich für die wissenschaftliche Erkenntnis ist.«[*]

Die Encyclopedia Britannica definiert Wissenschaft als eine »die physische Welt und ihre Phänomene betreffende intellektuelle Tätigkeit, die aus neutraler Beobachtung und systematischem Experimentieren besteht. Im Allgemeinen umfasst eine Wissenschaft das Streben nach Wissen über allgemeine Wahrheiten oder das Wirken allgemeiner Gesetzmäßigkeiten.«

Wenn wir diese Definition von Wissenschaft der obigen Beschreibung der Charaka Samhita durch Acharya gegenüberstellen, so erscheinen die jahrtausendealten Erkenntnisse des Ayurveda gar nicht unwissenschaftlich, auch von einem modernen westlichen Standpunkt aus betrachtet.

Darüber hinaus ist vielfach die Vorstellung verbreitet, Ayurveda lehre *Ahimsa* (Friedfertigkeit) und sei vegetarisch oder religiös orientiert. Dies ist eine völlig irrige Annahme. Eine Erklärung hierfür mag darin liegen, dass Ayurveda oftmals von Gurus in westliche Länder getragen oder von Sekten und Religionsgemeinschaften verfärbt wurde, die nur ihre eigene Lesart verbreiteten. In Wirklichkeit betrachtet der Text auch den Genuss von Fleisch und Wein und beschreibt natürliche Wege, neue Kräfte aufzubauen, gesund zu bleiben und heilend einzugreifen. Die Grundprinzipien des Ayurveda basieren auf der dynamischen Ganzheit und der Einheitlichkeit des Universums.

---

[*] P.V. Sharma, *Introduction of Charaka Samhita, Volume I*, Delhi 1981 (Chaukhambha Orientalia). Dort finden sich weitere Hinweise zu diesem und verwandten Themen.

Der ganzheitliche Ansatz der Ayurveda-Heilkunde

Wahrscheinlich sind Sie bisher mit der konventionellen modernen Medizin (auch Allopathie genannt) mehr vertraut als mit einem ganzheitlichen Denken; deshalb wollen wir zunächst die wesentlichen Unterschiede zwischen den beiden Systemen gegenüberstellen. In der modernen Medizin zählt vor allem das Körperlich-Gegenständliche und mit den Sinnen unmittelbar Fassbare. Diese materielle Wirklichkeit ist bis hin zu den Atomen in ihre Einzelteile zerlegbar und alles entwickelt sich auf einer linearen Zeitachse. Der menschliche Körper wie die Welt insgesamt ähneln in dieser Hinsicht einem mechanischen Regelsystem; und Gesundheit, Krankheit und viele Ereignisse auf der Welt hängen oftmals von reinen Zufälligkeiten ab. Derartig vereinfachende Vorstellungen aus der westlichen Physik des 19. Jahrhunderts sind in einigen Bereichen der modernen Biologie und Medizin durchaus noch anzutreffen. Im Gegensatz dazu geht Ayurveda vom Universum als einem dynamischen, ständig im Fluss befindlichen Ganzen aus, in welchem jedes Phänomen einen bestimmten Zweck erfüllt, die Zeit zyklisch ist und ein komplexes Geflecht wechselseitiger Beziehungen zwischen Ursachen, Wirkungen und der natürlichen Ausgangslage besteht. Wir Menschen sind gänzlich in dieses Gesamtsystem eingebunden und unser Körper und unser Geist bilden hierin ein eigenes Untersystem. Alles (der Kosmos und sämtliche Untersysteme) ist miteinander verbunden und wechselseitig voneinander abhängig. Die gegenständliche und mit den Sinnen fassbare Wirklichkeit ist dabei nur eine Dimension der vielschichtigen Realität.

Die moderne Medizin interpretiert die Körperfunktionen aus ihren biologischen oder molekularen Aspekten heraus und kategorisiert Krankheiten anhand objektiv messbarer Symptome. Hieran orientieren sich die vorwiegend aus physikalischen und

chemischen Eingriffen bestehenden Behandlungsmethoden, wobei der Zufall als Krankheitsursache eine große Rolle spielt. Erkrankungen und Beschwerden werden als Funktionsstörungen von Teilen des Körperapparats gesehen und einzelne Teile hiervon können isoliert voneinander untersucht und medizinisch behandelt werden. Körper und Seele bilden insofern getrennte Einheiten.

In der Sichtweise des Ayurveda hingegen bildet das Individuum in sich eine vollständige, unteilbare Einheit. Diese ist nicht von ihrer sozialen, kulturellen und physischen Umwelt trennbar, nicht von ihrer Einbindung in das Universum lösbar. Nur wenn dies beachtet wird, können nach Ayurveda Erkrankungen wirklich erkannt und richtig behandelt werden. Krankheit ist dann Ausdruck einer Disharmonie mit dem kosmischen System; diese entsteht nicht zufällig und ist nicht räumlich oder zeitlich begrenzt. Aus der Sicht der Kreatur ist Zeit zyklisch, nicht linear; ein Zustand kann für sie wiederkehren.

Ein einfaches Beispiel mag den Unterschied verdeutlichen. Verdauungsprobleme sind in der konventionellen Medizin eine relativ einfache Funktionsstörung, die auf falsches Essen, Bewegungsmangel oder Darmträgheit zurückzuführen ist. Mit der Behandlung sollen die Ursachen beseitigt werden und dies kann mittels chemischer Eingriffe erfolgen.

Nach Ayurveda hingegen können Probleme mir der Verdauung darüber hinaus auch auf Angst- und Unsicherheitsgefühle oder einen hektischen Lebensstil zurückzuführen sein. Dies führt zu weiteren Problemen wie unruhiger Schlaf, trockene oder unreine Haut, Kopfschmerzen oder Nervosität und zieht bei längerem Anhalten sogar Hämorrhoiden, Darmkatarrh oder Schlaflosigkeit nach sich. In der Terminologie des Ayurveda beeinträchtigen derartige Probleme im Darmtrakt *Vata*, eine der Grundenergien des Körpers, und bei *Vata*-Störungen ist auch eine ganze Reihe ande-

21

rer Symptome zu erwarten, die mit dieser Energie in Verbindung stehen. Deshalb muss nach Ayurveda in diesem Fall der gesamte *Vata*-Komplex behandelt werden, nicht nur ein einzelnes Symptom. Durch Trinken von heißem Wasser, Behandlung mit Heilkräutern, Massagen, geeignete Yoga- und andere Entspannungsübungen sowie Meditation für die innere Ruhe können die auftretenden Probleme vollständig beseitigt werden.

Das Beispiel zeigt, wie eine einzelne lokale Störung weitere Störungen an anderen Stellen des Organismus nach sich ziehen kann und dessen natürliche Ordnung insgesamt durcheinander bringt. Dieses Gefüge nicht aus seinem natürlichen Gleichgewicht kommen zu lassen liegt in der Verantwortung jedes Einzelnen. Denn ist die Balance einmal gestört, so verursacht dies anfänglich einfachere Beschwerden und führt längerfristig zu schwereren Erkrankungen.

Im Folgenden möchte ich kurz die wichtigsten Grundlagen des Ayurveda darstellen und mit praktischen Anwendungsbeispielen unterlegen.

Die Grundenergien Vata, Pitta und Kapha

Ausgangspunkt des Ayurveda sind die fünf Grundelemente, *Mahabhuta* in Sanskrit, aus denen alle Dinge in unserem Universum geformt sind: Äther, Luft, Feuer, Wasser und Erde. Befinden sie sich im Gleichgewicht, herrscht kosmische Harmonie; geraten die fünf Elemente aus der Balance, ist diese Harmonie gestört und Unglück kommt über die Welt. Derartige Störungen können sich in Form von Sturm, Feuersbrunst, Überschwemmung, Erdbeben oder anderen extremen Naturgewalten Ausdruck verleihen.

Auch der menschliche Körper besteht aus den fünf Elementen und unterliegt damit denselben universellen Regeln. Doch er

besitzt auch eine Seele und ein Bewusstsein; dies macht ihn zu einem lebendigen Organismus. Die fünf Elemente spenden uns Lebensenergie, indem sie im Körper drei verschiedene Energieformen bilden, die so genannten Grundenergien, *Dosha* in Sanskrit, nämlich *Vata, Pitta* und *Kapha*. Vata entstammt den Elementen Äther und Luft, Pitta dem Element Feuer und Kapha den Elementen Wasser und Erde *(Abb. 1)*. Jede der drei Grundenergien beeinflusst bestimmte körperliche, geistige und seelische Vorgänge, und zwar in der Weise, dass sie die besonderen Eigenheiten des Elements oder der Elemente zum Ausdruck bringt, die mit Vata, Pitta und Kapha verbunden sind.

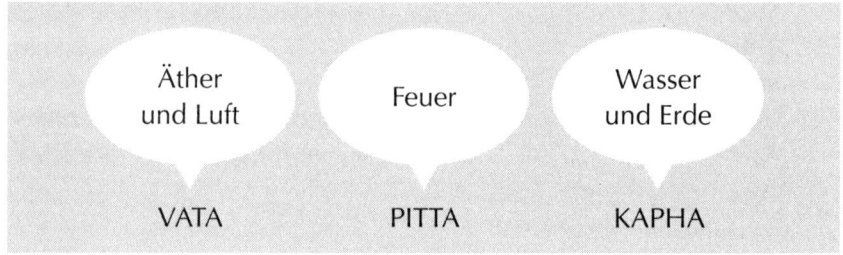

Äther
und Luft

Feuer

Wasser
und Erde

VATA   PITTA   KAPHA

Abb. 1: Die drei Grundenergien und die zugehörigen Elemente

Vata steuert die Körperbewegung und Geistestätigkeit, Funktionen wie Blutkreislauf, Atmung, Ausscheidung, Tastsinn sowie Hören und Sprechen, Gefühle wie Angst, Furcht und andere Empfindungen, die natürlichen Triebkräfte und das Sexualverhalten.
Pitta bestimmt den Wärmehaushalt, Intellekt, Hunger und Durst, die Verdauung, das Sehvermögen sowie die sexuelle Spannkraft und sorgt für Geschmeidigkeit, Glanz und Fröhlichkeit.
Kapha ist verantwortlich für den Körperbau, die Körperkraft, Bindungsfähigkeit, Beständigkeit, Bedächtigkeit, Geduld und Zurückhaltung und die sexuelle Potenz.

23

Bei jedem Menschen sind diese drei Energieformen verschieden stark ausgeprägt, sodass meist eine oder zwei dominieren und ihn dadurch mit ihren hervorstechenden Eigenschaften kennzeichnen. Auf diese Weise unterscheiden wir uns auch in der natürlichen Veranlagung, unserer individuellen Natur, *Prakriti* in Sanskrit. Das Prakriti bezeichnet nicht nur die äußeren Merkmale, die bei jedem Menschen anders sind, sondern auch die unterschiedlichen Persönlichkeitstypen. Es ist außerordentlich wichtig, sich eingehend mit dem Prakriti zu befassen, denn im Ayurveda fußen Gesundheitspflege und Heilkunde in starkem Maße auf der individuellen Persönlichkeit und ihren besonderen Lebensumständen.

Wenn wir gesund und vital bleiben wollen, müssen wir darauf achten, dass eine Grundenergie nicht nur stabil in sich ruht, sondern auch mit den beiden anderen ein harmonisches Gleichgewicht findet. Denn wenn eine Energie in ihrer Funktionsfähigkeit beeinträchtigt wird oder die Balance zwischen den Energien nicht mehr stimmt, führt dies zu *Vikriti,* einem ungesunden Störzustand, der Erkrankungen zur Folge haben kann. Zwar neigt die Natur immer zu einem gesunden, wohl geordneten Zustand – und das Prakriti ist unsere Grundnatur –, aber viele Faktoren wie Wetter, Stress oder falsche Ernährung können das Prakriti leicht in ein Vikriti umschlagen lassen. Normalerweise findet ein sonst gesunder Organismus dann aus eigener Kraft zur Ausgangslage zurück. Wenn jedoch die Störfaktoren zu stark werden und dauernd auf ihn einwirken, hält der Zustand des Vikriti an. In solchen Fällen müssen wir geeignete Gegenmaßnahmen treffen, auf eine besondere Ernährungsweise, spezielle Arzneien oder andere Mittel zurückgreifen, um möglichst schnell zum Prakriti zurückzugelangen. Denn bleibt der Störungszustand über einen längeren Zeitraum unbeachtet, so können hieraus schwerere Krankheiten entstehen.

Prakriti – Die individuelle Natur

Eine Mutter erkennt bei ihren Babys von Anfang an unterschiedliche Persönlichkeitszüge; die Geschwister unterscheiden sich in
ihren Vorlieben oder Abneigungen beim Essen, ihren Reaktionen
auf Wetter, Klima oder Arzneien und in mancherlei anderer
Hinsicht. Gemäß Ayurveda verfügt jeder von uns von Geburt an
über eine eigene Natur oder Veranlagung, die Grundlage seiner
physiologischen und psychologischen Reaktionen ist. Für den
Erhalt unserer Gesundheit kommt es nun entscheidend darauf an,
diese individuelle Veranlagung genau zu beachten.

Das Prakriti wird bestimmt von einer oder zwei Grundenergien,
die den Menschen mit ihren Eigenschaften bestimmen, ihn
prägen und die Eigenschaften der anderen Energien zurücktreten
lassen. Menschen mit Pitta Prakriti zum Beispiel sind hitze-
empfindlich, schwitzen häufig und essen und trinken viel, solche
mit Vata Prakriti sind flink und beweglich, mit Kapha Prakriti hingegen eher langsam und bedächtig in ihren Bewegungen, aber
auch toleranter als die beiden anderen. Bei gemischtem Prakriti
können diese Eigenschaften von Fall zu Fall wechseln.

Es gibt sieben Grundtypen von Prakriti:

• Vata	• Vata-Pitta	• Vata-Kapha
• Pitta	• Pitta-Kapha	
• Kapha	• Samadosha (alle Grundenergien im gleichen Verhältnis)	

Bei der Gewichtung der einzelnen Energien als Unterschei-
dungsmerkmal für die eigene Konstitution kommt es auch auf den
Anteil der jeweiligen Energie an. Man kann zum Beispiel mehr
oder weniger stark Vata-bestimmt sein. Ebenso können in einem
gemischten Prakriti der Anteil der bestimmenden Grundenergien

verschieden sein. Selbst wenn die Eigenschaften aller drei Energien deutlich sichtbar sein sollten, zum Beispiel bei Menschen mit viel Energie und Vitalität, großem Durchhaltevermögen, einem guten Immunsystem und ausgezeichnetem Intellekt, so überwiegen dennoch oft eine oder zwei Energien, die dann das Prakriti bestimmen.

Stellen wir uns die drei Energien bei verschiedenen Menschen auf einer Skala von 1 bis 10 vor und betrachten, bei 0,1 angefangen, alle Einzelstufen bis zum Wert 10, so erhalten wir 100 verschiedene Einzelfälle. Multiplizieren wir diese mit den sieben Arten von Prakriti, bekommen wir schon eine große Zahl unterschiedlicher Ausprägungen. Und wenn wir darüber hinaus den Anteil der jeweiligen Energie und das Verhältnis zweier Grundenergien bei gemischtem Prakriti berücksichtigen, dann erhalten wir schließlich unermesslich viele Arten von Prakriti.

Die Bedeutung des Prakriti

Die Anwendung des Ayurveda-Wissens setzt eine genaue Kenntnis der individuellen Eigenkonstitution voraus, denn bei jedem Menschen reagiert der Organismus auf Wetter- oder Klimaveränderungen sowie in Stress-Situationen anders und spricht auf eine bestimmte Diät oder Arznei unterschiedlich an. So kann zum Beispiel ein vom Element Feuer geprägter Mensch (Pitta Prakriti) diese Energie durch eine falsche Ernährungs- oder Verhaltensweise, in der ebenfalls das Feuer-Element dominiert, beeinträchtigen und auf diese Weise krank werden.

Durch entsprechende Anpassungen in Ernährung oder Lebensführung ist es nun möglich, eine solche Energiestörung zu korrigieren; die natürliche eigene Konstitution ändert sich dadurch jedoch nicht. Zwar können in besonderen Fällen wie Unfall oder

schwere Krankheit unter Umständen einige dem eigenen Prakriti nicht entsprechende Merkmale auftreten; mit der Genesung aber kehren die charakteristischen Eigenschaften wieder zurück. Wenn Sie zum Beispiel über ein Vata Prakriti verfügen und aus Krankheitsgründen viel Schlaf benötigen und langsam in Ihren Bewegungen geworden sein sollten, so wird mit der Heilung die alte Agilität von selbst zurückkehren.

Doch auch wenn sich die Natur eines Menschen nicht ändert, so können in bestimmten Lebenslagen gleichwohl Variationen innerhalb der eigenen Konstitution auftreten. Wenn ein Pitta-Veranlagter, der leicht ungeduldig oder zornig ist, auch einen Pitta-geprägten Partner hat, kommt es leicht zu Zwist und Streit, da sich beide ähnlich verhalten und ihren Groll gegenseitig anstacheln.

Lebt eine dieser Personen später mit einem Kapha-veranlagten Partner zusammen, der Geduld und Toleranz zeigt, werden sich die Zornesausbrüche des Pitta-bestimmten Partners mit der Zeit legen. Die Geduld der einen Person veranlasst die andere, sich zu besinnen und nicht überzureagieren.

Wir sehen also, dass die Kenntnis des Prakriti eines Menschen nicht nur für die richtige Ernährung und Gesundheitspflege von Bedeutung ist, sondern uns auch zu einem tieferen Verständnis bei Problemen in der Familie und am Arbeitsplatz verhilft.

Weitere Einzelheiten zu den Merkmalen der drei Grundenergien sind in den *Tabellen 1–3* zusammengefasst. Diese sind auch in meinem Buch »*Ayurveda als Lebensweg*« erschienen.

Tabelle 1: Ursprung, Funktion und Eigenschaften von Vata

Vata ist leicht, fein, beweglich, trocken, kalt, rau und alles durchdringend wie die Elemente Luft und Äther, denen es entstammt.

Vata steuert alle Körperbewegungen und geistigen Tätigkeiten, Funktionen wie Blutkreislauf, Atmung, Ausscheidung, Tastsinn sowie Hören und Sprechen, Gefühle wie Furcht, Angst, Kummer oder Begeisterung, die Empfindungsfähigkeit, die natürlichen Triebkräfte, die Bildung des Fötus und das Sexualverhalten.

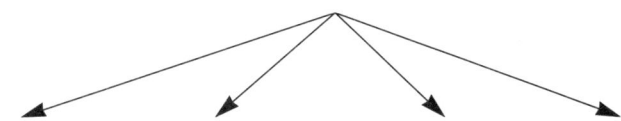

Merkmale von Vata-Dominanz	Faktoren für Vata-Ungleichgewicht	Symptome bei Vata-Ungleichgewicht	Behandlung
Rege und betriebsam; schnell in der Bewegung; rasches Handeln; schnell verunsichert oder verärgert; leicht reizbar; kann Kälte nicht vertragen und fröstelt leicht; hat dichtes Haar, starke Nägel und hervortretende Adern.	Fasten; körperliche Überanstrengung; Kälte ausgesetzt sein; langes Aufbleiben; fortgeschrittenes Alter; Abend und späte Nacht; Genuss von überreifem Obst und nicht frisch zubereiteter Nahrung; Verletzungen; Blutverlust; zu viel Geschlechtsverkehr; Angstgefühle; falsche Körperhaltung; Unterdrückung natürlicher Triebkräfte; Schuldgefühle.	Steife und schmerzende Glieder; trockener Mund und schlechter Geschmack im Mund; Appetitlosigkeit; Magenverstimmung; trockene Haut; Müdigkeit; dunkler Stuhl; Schlaflosigkeit; Schmerzen im Schläfenbereich; Schwindelgefühl; Zittern; Gähnen; Schluckauf; allgemeines Unwohlsein; blasser Teint; in sich gekehrtes und ängstliches Verhalten; Rückzug und schüchternes Verhalten.	Süße und saure therapeutische Maßnahmen, Vata-reduzierende Kost; Heißanwendungen; Einläufe; Ölmassagen; ausreichend Ruhe, Entspannung und Schlaf; ruhige Umgebung; aufheiternde Maßnahmen.

28

Tabelle 2: Ursprung, Funktion und Eigenschaften von Pitta

> Pitta ist so heiß wie das Grundelement Feuer, von dem es abstammt.
> Es ist scharf, sauer und von fleischigem Geruch.

> Pitta bestimmt den Wärmehaushalt, Intellekt, Hunger und Durst, die Verdauung,
> das Sehvermögen und die sexuelle Spannkraft und sorgt für Geschmeidigkeit,
> Glanz und Fröhlichkeit.

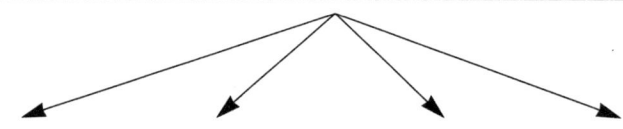

Merkmale von Pitta-Dominanz	Faktoren für Pitta-Ungleichgewicht	Symptome bei Pitta-Ungleichgewicht	Behandlung
Kann Hitze nicht vertragen; gerötetes Gesicht; empfindliche Organe; neigt zu Leberflecken, Sommersprossen und Pickeln; fettige, glänzende Haut; großer Hunger und Durst; frühzeitiges Auftreten von Falten; Haarausfall und graue Haare; Körpergeruch; unduldsam und Mangel an Ausdauer.	Scharfe, salzige und fettreiche Kost; Essen oder Getränk, das ein brennendes Gefühl verursacht; Sonnenbaden; Mittag; Mitternacht; Sommer; Verdauungsvorgang; Jugend; Ärger.	Ungewöhnlich starkes Schwitzen; Körpergeruch; außergewöhnlicher Hunger oder Durst; Entzündungen; Risse und Verdickungen der Haut; Hautausschlag; Akne; Herpes; zu viel Wärme im Körper; brennendes Gefühl; Unzufriedenheit; Zorn.	Süße, bittere, zusammenziehende und kalte therapeutische Maßnahmen; Pitta-reduzierende Kost; kalte Getränke; Kühlsalben und Schlammpackungen; kalte Bäder und Massagen; Abführung; Trost spendende Maßnahmen.

29

Tabelle 3: *Ursprung, Funktion und Eigenschaften von Kapha*

Kapha entstammt den Grundelementen Erde und Wasser. Es ist daher weich, stabil, träge, süß, schwer, kalt, zähflüssig, ölig und unbeweglich.

Kapha steuert das Körperwachstum, die Körperkraft, den Fetthaushalt, die Bindungsfähigkeit, die sexuelle Potenz und Eigenschaften wie Beständigkeit, Bedächtigkeit, Geduld und Zurückhaltung.

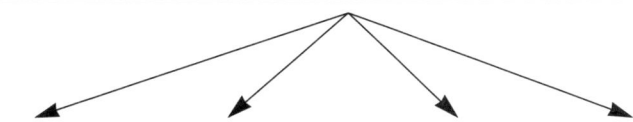

Merkmale von Kapha-Dominanz	Faktoren für Kapha-Ungleichgewicht	Symptome bei Kapha-Ungleichgewicht	Behandlung
Schwerfälliges Handeln, Essen und Sprechen; wenig entscheidungsfreudig; unordentlich; standfest und bedächtig in den Bewegungen; starke Bindungen; wenig Hunger, Durst und Schweißbildung; klare Augen, ebene Gesichtszüge und sauberer Teint.	Salzige, fette und schwer verdauliche Kost; Bewegungsmangel; Tagträume; Frühling; Morgen; frühe Nacht.	Schläfrigkeit; übermäßiges Schlafen; süßer Geschmack im Mund; starker Speichelfluss; Schweregefühl im Körper; Kältegefühl; Übelkeit; Kitzelgefühl im Rachen; heller Urin und Stuhl; weißliche Trübung der Augen; Missbildung von Körperorganen; Gefühl der Müdigkeit; Abgespanntheit; Schlaffheit und Niedergedrücktheit.	Scharfe, bittere, zusammenziehende therapeutische Maßnahmen, Kapha-reduzierende Kost; Heiß- und Dampfanwendungen; Erbrechen; viel Bewegung; wach bleiben.

Wie die drei vorstehenden Tabellen verdeutlichen, unterliegt das Prakriti ständiger Beeinflussung von inneren wie äußeren Faktoren. Wir müssen daher lernen, wie man unter diesen Voraussetzungen ein Gleichgewicht seiner Grundenergien herstellen und ihm abträglichen Kräften entgegenwirken kann. Stürmisches Wetter zum Beispiel kann eine Vata-Störung hervorrufen, wenn wir dem nicht mit Massagen, Dampfbädern, speziellen Ergänzungsstoffen wie Ingwer, Knoblauch, Bockshornklee, Ajwain und anderen Vata-reduzierenden Mitteln begegnen. Auf der anderen Seite führt ein Übermaß an Hitze leicht zu einem Pitta-Ungleichgewicht; dann können Kaltbäder, Kühlsalben wie Süßholzpaste oder Gelberde, der Aufenthalt in kühlen Räumen, eine aus süßen, bitteren und zusammenziehenden Rasas bestehende Kost oder Ähnliches die Auswirkung der Hitze auffangen und so vor einer Pitta-Störung schützen. Feuchte und kalte Witterung dagegen kann Kapha schädigen; mit Dampf- und Heißbädern, scharfem Essen und etwas sportlicher Betätigung wirkt man dem Wettereffekt entgegen und kann eine Kapha-Störung verhüten.

Darüber hinaus sind noch weitere Einflussgrößen wie die Tageszeit, unser Alter und das Klima anzuführen. Diese Faktoren sind in *Tabelle 4* zusammengefasst. Die angezeigten Gegenmaßnahmen sind wie oben erläutert.

Tabelle 4: **Der Einfluss von Tageszeit, Alter und Klima auf die Eigenkonstitution bzw. das Prakriti**

Grundenergie	Tageszeit	Alter	Klima
Kapha	Morgen Abend	Kindheit	feucht-kalt*
Pitta	Mittag Mitternacht	Jugend	trocken-heiß
Vata	Nachmittag Nacht	Erwachsen	trocken-kalt windig

* Anmerkung: Feucht-heißes Klima fördert Pitta-Kapha.

Das sechsdimensionale Gleichgewicht

Vata, Pitta und Kapha steuern auch unsere geistigen Funktionen und stehen damit in enger Verbindung mit Geist und Seele. Gemäß Ayurveda können Geist und Seele drei verschiedene Erscheinungsformen aufweisen, die wir als Geisteseigenschaften bezeichnen: *Rajas, Sattva* und *Tamas.* Rajas umfasst das Denken, Planen und Entscheiden; Tamas steht für Merkmale, die Aktivität und Beweglichkeit einschränken, wie Habgier, Zorn, Eifersucht oder Faulheit; Sattva beinhaltet Ausgeglichenheit, Güte, Wahrheit, Mitgefühl, Ruhe und Frieden. Zur Bewahrung von Gesundheit und Vitalität ist diese Ebene ebenso wichtig wie die der Körperenergien. Sind Sattva, Rajas und Tamas nicht in Balance, ist hiervon nicht nur das Gleichgewicht der Grundenergien betroffen, sondern es können auch seelische Erkrankungen entstehen. Ebenso beeinträchtigt jedes Ungleichgewicht der Grundenergien die Balance der drei Geisteseigenschaften.

Ist unsere seelische Verfassung angegriffen, weil uns zum Beispiel Sorgen plagen oder wir überarbeitet und gestresst sind, wird unser Vata geschädigt, und entsprechende Symptome treten auf *(Tabelle 1)*. Übermäßiger Zorn beeinträchtigt unser Pitta; hierdurch zieht man sich möglicherweise Beschwerden wie Magenprobleme zu, die typisch für eine Pitta-Störung sind *(Tabelle 2)*. Eine Depression geht oft mit den typischen Erscheinungen einer Kapha-Störung wie Übergewicht, Schwindelgefühlen oder ähnlichen Symptomen einher *(Tabelle 3)*.

Umgekehrt beeinträchtigen die für eine gestörte Grundenergie symptomatischen Krankheitsbilder auch den seelischen Zustand eines Menschen. Anhaltende Verdauungsprobleme können nämlich ihrerseits Schlafstörungen, Unruhe oder Nervosität auslösen und Magenprobleme, als Zeichen von sehr unausgeglichenem Pitta, zu leichter Reizbarkeit und Zornausbrüchen führen.

Weil sich also die beiden Ebenen gegenseitig beeinflussen, legt die Ayurveda-Heilkunde größten Wert auf die Pflege jeder einzelnen der sechs Dimensionen. Unser Bemühen hat in gleichem Maße der Stabilisierung des Gleichgewichts der drei Grundenergien sowie der Stabilisierung des Gleichgewichts der drei Geisteseigenschaften zu dienen. Man kann sich nicht ausschließlich auf die Grundenergien konzentrieren und dann erwarten, auch sein seelisches Gleichgewicht zu erlangen und Glück und Zufriedenheit zu empfinden. In der Charaka Samhita kommt deshalb auch *Santosha* (Zufriedenheit) und Sattva größte Bedeutung für die Pflege der Gesundheit zu. Es ist Sattva, das für den Ausgleich zwischen Bewegung (Rajas) und Stillstand (Tamas) sorgt und uns auf diese Weise hilft, in den unterschiedlichsten Lebenslagen Ruhe zu bewahren und Seelenfrieden zu finden. Sattva ist das innere Licht, das uns in vielen Dingen des Lebens den richtigen Weg weist, uns ruhigen und entspannenden Schlaf schenkt und uns das Gleichgewicht von Körper und Geist finden lässt.

Sie werden im Zusammenhang mit den Ayurveda-Programmen später sehen, dass viele der dort beschriebenen Übungen und Anwendungen für den Alltag dazu dienen, sich gezielt an Sattva auszurichten.

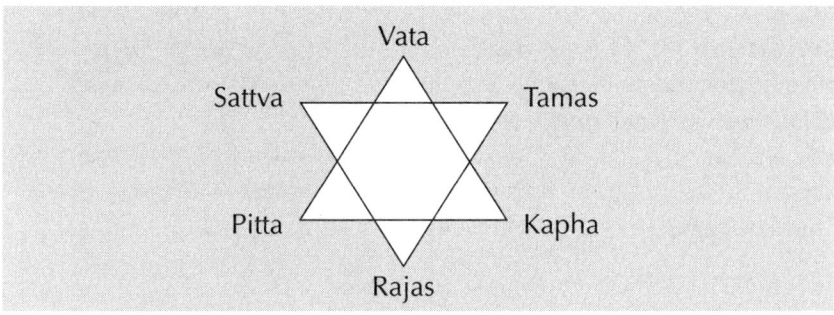

Abb. 2: Das sechsdimensionale Gleichgewicht

Prakriti und Vikriti

Wie bereits erwähnt, liegt es nach den Gesetzen des Universums in der Natur des Körpers, gesund zu sein; und die Vielfalt der Natur findet beim Menschen in seinem Prakriti Ausdruck. Unser Energiegleichgewicht unterliegt dabei der ständigen Einwirkung von außen (vgl. *Tabelle 4)* und wird auch von internen Faktoren wie unseren Gedanken und Reaktionen, der Körperhaltung oder dem Lebensstil beeinflusst.

Auf Grund solcher Einflüsse kommt es vor, dass wir vom Prakriti (gesunder Zustand) in ein Vikriti (ungesunder Zustand) abgleiten. Ayurveda lehrt uns, welche Schritte wir dann zu ergreifen haben, um aus dem Vikriti herauszufinden und wieder den Zustand des Prakriti zu erreichen. Versäumen wir es, dem ungesunden Zustand rechtzeitig und wirksam entgegenzutreten, so bringt er den Kör-

per allmählich ganz aus dem Gleichgewicht und mit der Zeit treten immer größere Beschwerden auf. Wir müssen also in der Lage sein, einen Zustand des Vikriti rasch zu erkennen und alles dafür tun, die ursprüngliche Harmonie wieder herzustellen. Halten die gesundheitlichen Probleme trotz aller Bemühungen an, so sollten diese zunächst auf ganzheitliche Weise mit einer dreidimensionalen Ayurveda-Therapie (rational, mental und spirituell) behandelt werden, um nach der Gesundung dann das Gleichgewicht mit entsprechenden Arzneien wieder herzustellen. Im Anschluss an die Behandlung erhält der Patient Rasayanas (gesundheitsfördernde Präparate) zur Stärkung der Abwehrkraft und zur Verbesserung der Vitalität.

Die richtige Ernährung gemäß Ayurveda

Mit der richtigen Ernährung lebt man gesund, eine falsche Ernährung macht krank. Wir können sehen, dass sich Millionen von Menschen auf der Welt falsch ernähren, sie essen zu viel, sind übergewichtig und haben deshalb Beschwerden, die auf Überernährung zurückzuführen sind. In der südlichen Hemisphäre dagegen leiden viele Menschen an Unterernährung.
Auch kann derselbe Nährstoff einmal heilend, das andere Mal krankheitsfördernd wirken. So bringt Wasser mit etwas Salz, Zitrone und Zucker schnelle Linderung, wenn man bei großer Hitze arbeitet, viel schwitzen muss und Gliederschmerzen hat, hat jedoch eine negative Wirkung bei jemandem, der ohne körperliche Bewegung schwitzt und an Bluthochdruck oder Zucker leidet. Kalte Milch ist im Sommer und für Menschen mit Pitta Prakriti gut. Wenn aber jemand mit Kapha Prakriti an einem Winterabend kalte Milch trinkt, reicht das allein vielleicht schon aus, um ein Kapha Vikriti hervorzurufen.

Die Ayurveda-Heilkunde beschreibt die Wirkungsweise einzelner Nährstoffe auf den Körper hinsichtlich der drei Grundenergien in allen Einzelheiten und unterscheidet dabei eine Vielzahl von vorbeugend und heilend wirkenden Substanzen. Dieses Wissen können wir uns zunutze machen, um die verlorene Balance wieder zu finden und zum Prakriti zurückzugelangen.

Ernährung und das Gleichgewicht der Grundenergien

Mit der Nahrung nehmen wir die Energie auf, die unser Körper laufend benötigt. Über die Nährstoffe gelangen so die fünf Elemente in den Körper, wo sie – wie wir wissen – die drei Grundenergien Vata, Pitta und Kapha bilden. Bei den Nährstoffen wiederum werden sechs Rasas oder Geschmacksarten unterschie-

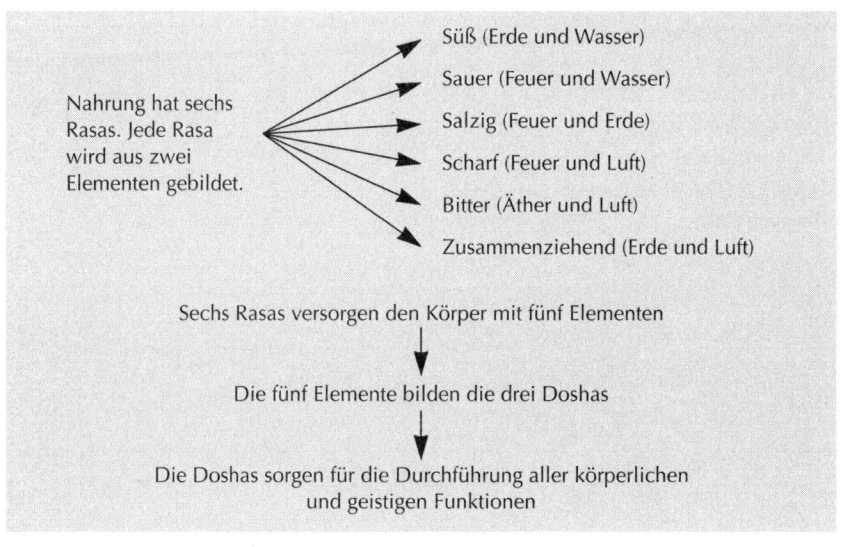

Nahrung hat sechs Rasas. Jede Rasa wird aus zwei Elementen gebildet.

Süß (Erde und Wasser)
Sauer (Feuer und Wasser)
Salzig (Feuer und Erde)
Scharf (Feuer und Luft)
Bitter (Äther und Luft)
Zusammenziehend (Erde und Luft)

Sechs Rasas versorgen den Körper mit fünf Elementen

Die fünf Elemente bilden die drei Doshas

Die Doshas sorgen für die Durchführung aller körperlichen und geistigen Funktionen

Abb. 3: Der Weg der Nährstoffe im Körper

den, die jeweils aus zwei der Elemente zusammengesetzt sind. Dieser Zusammenhang ist in *Abb. 3* dargestellt.

Für eine gute Gesundheit und ein harmonisches Gleichgewicht ist die richtige Balance der drei Grundenergien wichtig. Diese wird erreicht, wenn wir die sechs Rasas so zu uns nehmen, dass eine ausgewogene Zufuhr der fünf Elemente sichergestellt ist. Dabei wirkt jedes Rasa entsprechend den ihm zu Grunde liegenden Elementen auf den Organismus. Süß zum Beispiel ist aus Wasser und Erde gebildet, es führt daher dem Körper Kapha zu. Sauer setzt sich aus Feuer und Wasser zusammen und führt sowohl Pitta als auch Kapha zu. Mit der richtigen Zusammenstellung unserer Ernährung ist es somit möglich, die fünf Elemente entsprechend ihren Eigenschaften miteinander auszugleichen. Süß mildert demzufolge übermäßiges Feuer (heiß) oder Vata (trocken). *Tabelle 5* fasst die verstärkende bzw. abschwächende Wirkung der einzelnen Rasas auf die Grundenergien zusammen.

Tabelle 5: Die Beziehung zwischen Rasa und Grundenergie

Grundenergie	Verstärkende Rasas	Abschwächende Rasas
Vata	Scharf Bitter Zusammenziehend	Süß Sauer Salzig
Pitta	Sauer Salzig	Süß Bitter Zusammenziehend
Kapha	Süß Sauer Salzig	Bitter Scharf Zusammenziehend

Ernährung gemäß Prakriti, Zeit und Ort

Die oben beschriebenen Zusammenhänge sind die Basis einer Ayurveda-gemäßen Ernährung. Doch gibt es weitere äußere und innere Kriterien, die zu beachten sind. Der wichtigste interne Ernährungsfaktor ist die individuelle Eigenkonstitution, das Prakriti. Dem trägt Ayurveda in der Praxis auf ganz einfache Weise Rechnung, indem Nahrungsmittel in drei Gruppen eingeteilt werden können: Sie sind ihrer Natur nach entweder heiß, kalt oder in sich ausgewogen, wobei sich auch – richtig kombiniert – heiße und kalte Nährstoffe ausgleichen. Ausgewogene Nahrungsmittel sind leicht verdaulich und gesundheitsfördernd. Nährstoffe mit extremen Eigenschaften, also sehr heiße oder sehr kalte Nahrungsmittel, müssen dagegen mit speziellen Gewürzmischungen oder mit Hilfe anderer Zutaten, die entgegengerichtete Eigenschaften aufweisen, ausbalanciert werden, damit ein insgesamt ausgewogenes Gericht entsteht. Ferner ist darauf zu achten, dass eine Reihe antagonistischer Lebensmittelkombinationen strengstens vermieden wird, in denen die einzelnen Bestandteile nach Ayurveda antagonistisch wirken (siehe *Tabellen 6–8*).

Ein weiterer interner Ernährungsfaktor ist die Gemütsverfassung. Erregtheit, Angst oder Sorge können das Vata destabilisieren, Zorn das Pitta und Depression das Kapha; dies muss man in seiner Ernähungsweise entsprechend berücksichtigen. Fühlt man sich ohnehin schon etwas deprimiert, so würden süße und kalte Sachen oder eine schwere, fettreiche Kost die Situation nur noch verschlimmern. Mit Wutgefühlen zu essen würde andererseits Pitta-typische Beschwerden heraufbeschwören; deshalb sollte man immer die heftige Gefühlsreaktion abklingen lassen und dann ganz leichte Kost zu sich nehmen. Eine Gemütsverfassung, die leicht zu Vata-Störungen führt, kann man dagegen mit warmer, süßer und fettreicher Kost korrigieren.

Externe Ernährungsfaktoren, die man in ihrer Auswirkung auf das Gleichgewicht der Grundenergien berücksichtigen muss, sind Tageszeit, Jahreszeit, unser Alter und die Witterungsbedingungen; diese Zusammenhänge sind in *Tabelle 4* zusammengefasst. Den gesamten Wissensfundus des Ayurveda darstellen zu wollen würde den Rahmen eines einzelnen Buches sprengen, zumal sich der vorliegende Band darauf beschränken möchte, dem Leser die Ayurveda-Verfahren für die Alltagspraxis näher zu bringen. Der an weiteren Einzelheiten zu Ernährungsfragen interessierte Leser findet in meinem Buch *Die Lebensküche. Meine besten Ayurveda-Rezepte* ausführliche Hinweise.

Als Grundregeln für die Ernährung sollten wir Folgendes immer beachten:

• Nie etwas Antagonistisches essen, schwer verdauliche Kost nur in geringen Mengen.

• Mehr ausgeglichene Nahrungsmittel essen.

• Sehr heiße oder sehr kalte Nahrungsmittel nur in ausgleichender Kombination zu sich nehmen.

Tabelle 6: Ayurvedische Eigenschaften wichtiger Nahrungsmittel

Nahrungsmittel mit kalten Eigenschaften

Getreide	Weizen, Reis, Mais (fördert Vata), Gerste (fördert Vata), gemeine Hirse und italienische Hirse (fördert Vata), Masur-Bohnen (rote Linsen, fördern Vata), junge Erbsen, reife Erbsen (stark Vata-erhöhend), Kichererbsen.
Gemüse/Salat	Spinat, Kohl, Rosenkohl, Okra, grüne Bohnen, Bitterkürbis (Gourd), Endivien, Fenchel, Auberginen, Zwiebeln, Sellerie, Gurken, rote Beete, Paprika (ohne Samenkörner), Löwenzahn, Spargel.
Obst/Früchte	Äpfel (süß), Bananen, Birnen, Aprikosen, Guava, Honigmelonen, Wassermelonen, Feigen.
Milchprodukte	Milch, Ghee, Butter.
Fleisch/Fisch	Lamm, Meeresfrüchte, Salzwasserfisch, Frosch.
Kräuter/Gewürze	Gewürznelken, Koriander, Fenchel, Anis, Dillblätter (nicht der Samen), Süßholz.
Sonstige	Zucker.

Nahrungsmittel mit heißen Eigenschaften

Getreide	Urad-Bohnen, Soja-Bohnen.
Gemüse/Salat	Salatkresse, Kartoffeln, Blumenkohl, Tomaten.
Obst/Früchte	Orangen, Grapefruit, Zitronen, Trauben (nicht sehr süß), Pfirsiche, Pflaumen, Kiwis (insbesondere die schwarzen Kerne), Nüsse (Mandeln, Erdnüsse, Haselnüsse, Walnüsse, Pinienkerne und andere), saure Äpfel.
Milchprodukte	Joghurt, verarbeiteter Käse.
Fleisch/Fisch	Schwein, Rind, Pferd, Süßwasserfisch.

| Kräuter/Gewürze | Großer Kardamom, Kümmel, Zimt, schwarzer und weißer Pfeffer, Bockshornklee, Kalonji, Knoblauch, Basilikum, Dillsamen, Ajwain, Senfkörner, Muskatnuss, Minze. |
| Sonstige | Honig, Pflanzenöl, Eier (Huhn, Fisch). |

Ausgewogene Nahrungsmittel

Getreide	Fingerhirse, Mung-Bohnen, frisch keimende Kichererbsen.
Gemüse/Salat	Möhren, Steckrüben, Radieschen (nicht überreif), Zucchini, Kürbis (gerade reif).
Obst/Früchte	Süße Mango, Papaya, Granatäpfel, süße Trauben.
Fleisch/Fisch	Wild, Ziege, Hähnchen.
Kräuter/Gewürze	Kleiner Kardamom, Ingwer, Curcuma.

Tabelle 7: **Schwer verdauliche Nahrungsmittel und antagonistische Kombinationen**

Schwer verdauliche Nahrungsmittel

| Vegetarisch | Urad-Bohnen, überreife Erbsen, Pflanzenfett, Nüsse und mit Nüssen zubereitete Gerichte, Nahrungsmittel oder Zubereitungen mit extrem sauren, scharfen, süßen, bitteren, zusammenziehenden oder salzigen Geschmacksarten, überreichlicher Genuss von rohem oder überreifem Obst und Gemüse, Joghurt (wenn mehrmals täglich, besonders abends genossen). |
| Nicht-vegetarisch | Schweinefleisch, Rindfleisch, Fleisch von unter Stressbedingungen gehaltenen Tieren, tierisches Fett. |

Antagonistische Kombinationen

• Milch mit sauren Sachen, Rettich, Wassermelone oder Fisch.
• Kalte Getränke bei fettem Essen.
• Erhitzter Honig; heißes Getränk unmittelbar nach dem Verzehr von Honig.
• Den normalen Ernährungsgewohnheiten entgegengesetzte Diät.
• Sehr heiße und sehr kalte Gerichte oder Getränke gleichzeitig.
• Nicht der Tageszeit, dem Ort oder Veranlagungstyp entsprechendes Essen.
• Übermäßig salziges, süßes oder saures Essen (extrem einseitiges Rasa).

Tabelle 8: Ayurvedische Eigenschaften wichtiger Nahrungsmittel

	kalt	ausgewogen	heiß
Getreide	Weizen, Gerste, Reis, Mais, rote Linsen, Nudeln, Brot.	Mung-Bohnen, frisch keimende Kichererbsen, Fingerhirse.	Soja-Bohnen, Urad-Bohnen.
Gemüse	Spinat, Kohl, Rosenkohl, Spargel, Endivien, Fenchel, Auberginen, Okra, Zwiebeln, Sellerie, Gurken, rote Bete, grüne, weiße und rote Bohnen, Paprika, Rucola, Bitter Gourd, Lauch, Erbsen.	Möhren, Zucchini, Kürbis, Weißrüben.	Kartoffeln, Blumenkohl, Tomaten, Kresse.
Obst und Früchte	Äpfel, Bananen, Birnen, Aprikosen, Feigen.	Papaya, Granatäpfel, Trauben, Kirschen.	Orangen, Grapefruit, Zitronen, Pfirsiche, Pflaumen, Kiwis, Nüsse, saures Obst.

	kalt	ausgewogen	heiß
Milch-produkte	Milch, Butter.		Joghurt, Käse.
Fleisch/ Fisch	Meeresfrüchte, Lamm.	Hähnchen, Ziege, Wild.	Schwein, Rind. Süßwasserfisch.
Kräuter und Gewürze	Koriander, Fenchel, Anis, Dillblätter, Gewürznelken.	Ingwer, Curcuma, kleiner Kardamom.	Pfeffer, Kümmel, Zimt, Muskatnuss, Knoblauch, Minze, Basilikum, Dillsamen, großer Kardamom, Senfkörner.
Sonstige	Zucker.		Honig, Pflanzenöl, Eier, Kaffee, Wein.

Qualität und Quantität des Essens

Über das Gleichgewicht in der Ernährung im Hinblick auf die fünf Elemente und die drei Grundenergien hinaus müssen wir in der Ayurveda-Esskultur noch einige andere wichtige Aspekte berücksichtigen. Man sollte nicht nur großen Wert auf frische Zutaten legen, die aus einer harmonischen Umgebung stammen, sondern auch darauf achten, dass das Essen mit Hingabe und Liebe, mit einem Sattva-orientierten Sinn zubereitet wird. Kocht man hingegen mit Gefühlen des Zorns, von Eifersucht oder Rache, so würde sich solche Tamas-Energie auf das zubereitete Essen übertragen.

Ebenso wichtig ist es, ansprechendes Ess- und Kochgeschirr zu verwenden und seine Mahlzeiten immer entspannt und in angenehmer Atmosphäre zu sich zu nehmen. Eine ansprechende Ausstattung muss überhaupt nicht teuer sein: In Südindien zum Beispiel werden Mahlzeiten in sehr ansehnlicher Weise auf Bana-

nenblättern serviert; einfache, aber stilvolle Steinware ist auch überall in schönen Formen und Farben erhältlich.

Beim Essen sollte man ruhig und entspannt sein und sich von dem, was man gerade vorher an körperlicher oder geistiger Arbeit verrichtet hat, gelöst haben, bevor man anfängt zu essen. Bei Tisch ist ein knappes Gebet oder eine kurze Atemübung gut dazu geeignet, Körper und Geist auf das Essen einzustellen. Wer gerade in der Küche intensiv damit beschäftigt war, eine Mahlzeit zuzubereiten, und sich dann zum Essen hinsetzt, ist noch ganz auf Kochen eingestellt. Es ist wichtig, sich für das Essen bereitzumachen. Schon mit fünf tiefen Atemzügen können wir Körper und Geist entspannen und damit auch den Magen. Denn ein ruhiger Magen kann die Nahrung besser aufnehmen und verdauen. Man braucht nicht hinzuzufügen, dass Essen im Gehen oder Stehen ungesund ist.

Manche machen sich allein dadurch krank, dass sie zu viel und zu oft essen. Der Magen sollte nie zu mehr als zwei Drittel gefüllt, seine Kapazität mit dem Essen also nicht voll ausgeschöpft sein. Nach Ayurveda werden für die Verdauung nämlich alle drei Grundenergien benötigt und man sollte ihnen genügend Platz geben. In einem ganz gefüllten Magen werden diese Energien hinausgedrängt und Störungen treten auf.

Nach dem Essen sollte man seinem Magen vier Stunden Zeit gönnen und zwischen den Mahlzeiten nichts weiter essen. Der Verdauungsvorgang nimmt etwa drei Stunden in Anspruch und der Magen sollte eine weitere Stunde ruhen. Nach Ayurveda ist es abträglich für die Gesundheit, wenn man wieder isst, bevor die vorherige Mahlzeit vollständig verdaut ist. Kommt dies häufiger vor, so können Magenerkrankungen die Folge sein. Man achtet deshalb besser darauf, am Tag genau zwei Haupt- und zwei Nebenmahlzeiten einzunehmen und nichts zwischendurch, denn auch relativ kleine Mengen müssen den gesamten Verdauungsprozess durchlaufen.

Die Reinigung von Körper und Geist

Gemäß Ayurveda beeinträchtigen größere innerliche oder äußerliche Verunreinigungen das Energiegleichgewicht und damit auch unsere Körperfunktionen. Weil dies zu den verschiedensten Fehlfunktionen und Erkrankungen führen kann, kommt der sorgfältigen Pflege des Körpers von außen und von innen eine besondere Bedeutung zu. Wir werden im Folgenden verschiedene Ayurveda-Verfahren der Körperhygiene und zur Funktionspflege sämtlicher Teile des Körpers im praktischen Alltag genau kennen lernen. Beim Baden zum Beispiel reinigen und regenerieren wir den Körper durch Massieren und Scheuern. Die Nasenwege machen wir frei, um für einen ungehinderten Luftzugang zu sorgen.

Die einfachste Form der Reinigung von innen ist ein Glas heißes Wasser direkt nach dem Aufstehen zur Reinigung der Harnwege und Erleichterung der Verdauung. Für die innere Reinigung des gesamten Körpers sind halbjährliche Reinigungsprogramme (Panchakarma) empfehlenswert, die das Gleichgewicht der Grundenergien stabilisieren und den Körper regenerieren. Zuvor erfolgen Ölmassagen, Schwitzkuren und Fettkuren zur Reinigung, Lockerung und Entspannung des Körpers. Ein Panchakarma empfiehlt sich nach Ende der Hauptjahreszeiten Sommer und Winter, also auf der Nordhalbkugel etwa März-April und September-Oktober.

Ebenso wichtig für unsere Gesundheit wie die Körperpflege ist die Pflege von Geist und Seele. Sie haben im ayurvedischen Verständnis eine große Bedeutung für die Gesundheit. Dabei ist die besondere Rolle einer Sattva-orientierten Lebensführung und des Sattva-Denkens hervorzuheben: Der Zustand von *Santosha* (Zufriedenheit) ist der Schlüssel für die Gesundheit. Eine Tamas-geleitete Gedankenwelt dagegen wie Zorn, Eifersucht, Neid, Abhängigkeitsgefühle, sinnliche Begierden, Angst oder Sorge

45

führen zu Unzufriedenheit oder *Asantosha* und letztlich zu Krankheit. Ein Zustand von Santosha und eine unbekümmerte Grundeinstellung zum Leben sind deshalb ebenso wichtig für die Abwehr von Krankheiten wie eine ausgewogene Ernährung, eine an Zeit und Ort angepasste Lebensführung oder die äußere und innere Körperpflege. Wir sollten immer um ein Sattva-gemäßes Denken bemüht sein, Mitgefühl, Güte und Zuneigung zeigen, zufrieden sein können mit dem, was wir haben, und uns eine lebensfrohe Grundhaltung bewahren. Für die Kontrolle unserer Gedankenwelt bietet uns Ayurveda mit einer Reihe von Yoga-Übungen Hilfestellung. Ein Tamas-orientiertes Denken macht uns nicht glücklich, sondern verstärkt Asantosha (Unzufriedenheit) und Frustration. Wir müssen uns deshalb darauf konzentrieren, Tamas-geleitete Gefühle umzuwandeln, indem wir uns diese zunächst bewusst machen, um sie sodann mit Hilfe von Meditationstechniken durch Sattva-Gedanken an Friede, Harmonie und Santosha zu ersetzen. Mit inneren und äußeren Reinigungstechniken regenerieren wir den Körper und beleben mit der Reinigung und Pflege von Geist und Seele unsere geistigen Kräfte.

Interessanterweise unterscheidet die Charaka Samhita unterdrückbare und nicht unterdrückbare Naturtriebe. Versucht man, Letztere dennoch zu unterdrücken, führt das zu Erkrankungen. Solche nicht unterdrückbaren Triebe sind zum Beispiel Körperausscheidungen, Erbrechen, Aufstoßen, Niesen, Gähnen, Hunger, Durst, Tränen, Atmen oder Schlafen. Die unterdrückbaren Naturtriebe beinhalten den Drang zu negativen Gedanken, Worten und Taten: Habgier, Gram, Furcht, Zorn, Eitelkeit, Neid und übergroße Anhänglichkeit. Werden diese Triebe unterdrückt, so gewinnt man Zeit zum Nachdenken und kann sich von negativen Verhaltensmustern lösen. Dies schenkt uns mehr Frieden und Harmonie.

Zusammenfassend kann man sagen, dass sich die Grundsätze des Ayurveda aus der Vorstellung eines wohl organisierten Ganzen ableitet, in dem alles ein Ziel verfolgt und nichts ohne Grund oder aus bloßem Zufall geschieht. Wir Menschen sind in dieses große dynamische Gesamtsystem eingebunden, unterliegen denselben kosmischen Regeln und sind gehalten, uns in Harmonie mit dem universellen Rhythmus zu bewegen. Geraten wir außer Tritt mit dem kosmischen System, befinden wir uns nicht im Gleichklang mit dem Orchester des Universums, dann führen Disharmonie und Ungleichgewicht zu körperlichen oder seelischen Leiden. Wir müssen also alles daransetzen, uns harmonisch in das Gesamtsystem einzufügen, um eine gute Gesundheit, Frieden und ein langes Leben zu erreichen.

2 Bestimmung der Eigenkonstitution – das Prakriti

Im ersten Kapitel haben wir gesehen, dass sich die einzelnen Menschen in ihrer Grundveranlagung, in ihrem Prakriti, grundsätzlich voneinander unterscheiden. Jetzt wollen wir genauer betrachten, wie wir das Prakriti erkennen können, denn oftmals werden dabei auf Grund unserer momentanen Verfassung Fehler gemacht. Bei meinen Vorträgen über Prakriti konnte ich beobachten, dass einige Zuhörer ihren eigenen Typ ganz schnell eindeutig zu erkennen glauben, während andere eher unsicher sind und meinen, alle drei Grundenergien würden bei ihnen dominieren. Gewöhnlich entsteht diese Unsicherheit vor allem dann, wenn eine oder zwei Hauptenergien gestört sind. Um eine korrekte Zuordnung vornehmen zu können, beobachten Sie sich am besten anhand der im Folgenden erläuterten Kriterien über einen längeren Zeitraum. Sollten Ihnen bestimmte Merkmale einer Grundenergie an sich auffallen, dann fragen Sie sich zunächst, ob diese schon seit der Kindheit da waren. Diese Beobachtungen wollen wir mehr und mehr präzisieren, damit wir bei der Bestimmung des Prakriti zunehmend Sicherheit gewinnen.

In vielen neueren Darstellungen über Ayurveda wird versucht, das Prakriti ganz schematisch durch Ausfüllen eines Fragebogens zu bestimmen. Das Ergebnis mag dann richtig oder falsch sein, es ist jedoch in jedem Falle irreführend. Die hier von mir vorgestellte Verfahrensweise ist ein wenig schwieriger, weil sie auf Verstehen, Beob-

achtung und Schlussfolgerung beruht. Dabei ist die Bestimmung des Prakriti auch nicht unser einziges Ziel; denn vor allem wollen wir uns selbst besser kennen lernen, um eventuellen Beeinträchtigungen unseres Prakriti sofort mit den richtigen Schritten entgegenzuwirken. Wir müssen lernen zu erkennen, wenn unser natürliches Gleichgewicht beeinträchtigt wird, und wissen, welche Maßnahmen im Einzelnen notwendig sind, um zum Prakriti zurückzufinden. Die korrekte Diagnose dieser Veränderungen ist die Voraussetzung für eine erfolgreiche Anwendung von ayurvedischen Heilmitteln.

Zunächst sollten Sie Ihr Hauptaugenmerk auf die drei folgenden Beobachtungskriterien wenden:

1. Äußere Erscheinung
Die grundlegendste Beobachtung zur Erfassung des Prakriti und des Gesundheitszustands betrifft die äußere Erscheinung. Augen, Teint, Hauttyp, Haarwuchs, Körperform und weitere äußerlichen Eigenschaften gehören hierzu.

2. Körperliche Reaktionen
Als Nächstes beobachtet man, wie ein Mensch in verschiedenen Lebenslagen physisch reagiert. In Stress-Situationen, Notfällen und bei schlimmen oder freudigen Nachrichten zum Beispiel neigen einige zu erhöhtem Stuhlgang oder Harndrang, andere bekommen dagegen Verdauungsprobleme, müssen erbrechen, wollen sich schlafen legen oder bleiben wie erstarrt. In längerfristigen Stress-Situationen, zum Beispiel am Arbeitsplatz, mögen auch Magen- und Darmprobleme auftreten und andere Menschen bekommen Schmerzen, fühlen sich niedergeschlagen oder fangen an, zu viel zu schlafen.

3. Verhaltensweise
Menschen offenbaren ihr Prakriti auch dadurch, wie sie gehen, sprechen, Treppen steigen, ein Zimmer betreten und auf das Klin-

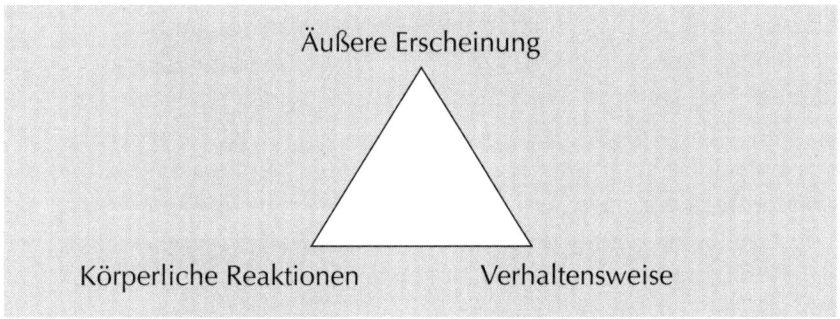

Abb. 4: Drei Beobachtungskriterien zur Bestimmung des Prakriti

geln an der Tür oder vom Telefon reagieren. Solche unterschiedlichen Verhaltensreaktionen gehören ebenfalls zu unseren Beobachtungen. Wenn zum Beispiel irgendetwas schief geht, wird der eine zornig, ein anderer bleibt eher gelassen. Menschen zeigen ihre besondere Art auch in der Weise, wie sie Geschichten erzählen oder einem zuhören.

Unsere äußere und innere Erscheinung

Jeder von uns ist sich seiner äußeren Erscheinung bewusst; sie ist unser Erkennungsmerkmal für uns selbst und für die Außenwelt. Dieser individuellen Erscheinung wird ein Name bzw. ein Vor- und ein Nachname gegeben. Auf diese Weise besteht Klarheit hinsichtlich der Identität und Zugehörigkeit eines Menschen. Was verraten jedoch meine Nase, Lippen, Augen, Gesichtsfarbe und die anderen Körpermerkmale nach außen? Das, was ich äußerlich bin, bin ich immer im Vergleich zu anderen. Wenn wir die Erscheinung einer Person beschreiben, dann sprechen wir gewöhnlich von großen oder kleinen Augen und spitzer, kleiner, flacher Nase

50

oder Stupsnase. Solche äußerlichen Merkmale anderer Menschen nehmen wir ganz spontan und natürlich wahr. Andere schaut man nämlich viel häufiger an als sich selbst; uns selbst sehen wir nur ab und zu im Spiegel. Bezeichnenderweise wissen viele Menschen nicht, wie sie von der Seite aussehen, und sind deshalb überrascht, wenn sie sich so auf einem Foto sehen. Wenn wir uns selbst im Spiegel betrachten, dann geschieht das auf eine besondere Weise, mit Nachsicht nämlich und mit einem inneren Bezug. Die äußere Erscheinung nimmt man also im Vergleich zu anderen und gemäß bestimmter gesellschaftlicher Regeln wahr.

Das Prakriti ist das innere Gegenstück zu unserer äußeren Erscheinung. Wenn Sie auch Ihre innere Erscheinung wahrnehmen wollen, dann müssen Sie den Beobachtungshorizont um die drei oben genannten Kriterien erweitern und diese Vorgehensweise auf sich selbst sowie auf die Menschen Ihrer Umgebung anwenden. Betrachten Sie also die Menschen nicht nur nach den üblichen äußerlichen Merkmalen, sondern auch nach den Gesichtspunkten des Prakriti. Es ist wichtig, diese Art des Beobachtens zu üben; am besten probieren Sie dies zunächst an sich selbst aus, bis es Ihnen zur Gewohnheit geworden ist. Schließlich ist es ja auch Ihr Ziel, Ihr Prakriti permanent zu beobachten, damit Sie sofort feststellen, wenn es in ein Vikriti umschlagen sollte, damit Sie umgehend geeignete Gegenmaßnahmen durchführen können. Richtige Gesundheitspflege nach Ayurveda bedeutet immer auch, dass wir üben, unsere innere Erscheinung richtig zu erfassen.

Beobachten lernen

Wenn Sie die Menschen in Ihrer Umgebung anhand der äußeren Merkmale beobachten, die nachstehend aufgeführt sind, dann gewöhnen Sie sich leichter daran, deren Erscheinungsbild und

Verhaltensmuster anders zu betrachten, als Sie es bisher gewohnt waren. Anfänglich sollten Sie vorsichtig sein, das Prakriti zu bestimmen; schärfen Sie einfach zunächst nur Ihre Beobachtungsfähigkeit und lassen Sie sich Zeit mit einer Festlegung.

1. Haar
a) grob und spröde oder weich
b) dicht, dünn oder mittel
Grobes und sprödes Haar sind Zeichen von Vata, dichtes Haar von Kapha und dünnes Haar von Pitta.

2. Haut
a) trocken
b) glatt
c) fettig
Trockene Haut ist ein Zeichen von Vata, glatte Haut von Kapha und fettige Haut von Pitta.

3. Körpertemperatur
a) warm
b) kalt
Heiß ist ein Zeichen von Pitta, kalt entweder Vata oder Kapha. Vata ist trockene Kälte, während Kapha kalt und feucht beinhaltet, das heißt, die Haut ist nicht trocken, sondern feucht.

4. Körpergeruch
a) stark, manchmal schlecht
b) fleischig
c) so gut wie keiner
Starker Körpergeruch ist ein Zeichen von Pitta, fleischig von Kapha. Eine Vata-bestimmte Person hat trockene Haut und deshalb so gut wie keinen Körpergeruch.

5. Nägel
a) grob
b) hell und rosa
c) weißlich und eben
Grobe Nägel sind ein Zeichen für eine Vata-Dominanz, während
helle und rosa Nägel ein Zeichen für Pitta sind. Kapha-bestimmte Personen haben weißliche und ebene Nägel.

6. Teint
a) scheinend
b) ziemlich blass
c) klar und gleichmäßig
Pitta-dominierte Personen haben eine scheinende, leicht rötliche
Gesichtsfarbe, während eine blasse auf eine Vata-Dominanz und
eine klare und gleichmäßige auf Kapha hindeuten.

7. Augen (Farbe der Netzhaut)
a) klar und weiß
b) gräulich und trübe
c) rosa oder rötlich
Weiß, trübe und rötlich deuten auf eine Kapha-Dominierung, die
anderen auf Vata und Pitta.

8. Körperform und Gesichtszüge
a) Nasenform: spitz, schmal, dick oder dazwischen
b) Körperform: zierlich oder stabil gebaut
Menschen mit feinen Gesichtszügen sind eher Pitta-bestimmt,
während etwas fülligere Züge auf Kapha hindeuten. Vata-dominierte Personen liegen irgendwo dazwischen.

9. Körperbewegungen
a) schnell
b) langsam und fest
c) wechselnd
Kapha-dominierte Personen sind langsam und fest, während schnelle Vata-dominiert sind. Die dynamischen, aber nicht unbedingt schnellen sind Pitta-bestimmt.

10. Sprechstil
a) langsam mit Pausen
b) schnell
c) sehr schnell, manchmal überschlagend
d) dynamisch mit gutem Ausdruck
Langsam sprechende Personen sind Kapha-dominiert, schnelle Pitta- und sehr schnelle Vata-dominiert. Dynamisch mit gutem Ausdruck ist meistens eine Mischung aus Pitta und Kapha.

11. Art des Zuhörens
a) mit Geduld und Aufmerksamkeit, langsamere Auffassungsgabe
b) sehr schnelle Auffassungsgabe
c) ungeduldig, vervollständigt Sätze, schweift in Gedanken ab
Kapha-dominierte Personen sind gute Zuhörer, während Vata-bestimmte ungeduldig sind. Pitta-orientierte haben eine schnelle Auffassungsgabe.

12. Treppen steigen
a) sehr schnell, überspringt Stufen
b) sehr langsam und bedächtig
c) mittel
d) veränderlich
Sehr schnell gehende Menschen sind Vata-dominiert, langsam gehende Kapha. Mittel oder veränderlich gehende sind Pitta-dominiert.

13. Reaktion auf Klingeln

a) sehr schnell, wie auf einen Sprung und fast atemlos
b) mit Bedacht, aber recht zügig
c) eher langsam und träge

Menschen, die sofort das Telefon abnehmen, wenn es klingelt, sind Vata-dominiert. Diejenigen, die das Telefon ein paar Mal klingeln lassen, Kapha; diejenigen, die mit Bedacht, aber recht zügig reagieren, Pitta.

14. Entscheiden

a) schnell, manchmal impulsiv
b) sehr langsam, ändert oft die Meinung
c) unterschiedlich, aber meist mit Bedacht

Kapha-dominierte Personen entscheiden sich langsam, z. B. im Restaurant, was sie essen wollen. Schnell und manchmal impulsiv reagieren Vata-dominierte, während Pitta-bestimmte zwischen beiden liegen, jedoch mit Bedacht entscheiden.

15. Gefühlsreaktionen

a) vorwiegend verunsichert und besorgt
b) vorwiegend ärgerlich
c) gewöhnlich geduldig und Gefühle eher unterdrückend

Pitta-dominierte Menschen ärgern sich leicht, Vata-dominierte haben die Tendenz, sich zu sorgen, während Kapha-bestimmte gewöhnlich geduldig reagieren und ihre Gefühle eher unterdrücken.

Versuchen Sie, es sich zur Gewohnheit zu machen, diese Merkmale bei Personen in der Familie, im Büro, im Freundeskreis oder in Ihrer sonstigen Umgebung zu beobachten. Hören Sie auch genau zu, wenn jemand etwas von sich erzählt, und achten Sie dabei auf die im Folgenden aufgeführten Merkmale, die Auf-

schluss über physiologische Reaktionen geben. In Gesprächen mit Freunden und Bekannten werden Sie hierdurch ein noch tieferes Verständnis für sich selbst und andere entwickeln.

16. Stuhlgang
a) unmittelbar nach dem Aufstehen
b) nach dem Frühstück
c) unregelmäßig und zeitweilige Verdauungsprobleme

Pitta-dominierte Menschen wachen oft morgens auf, weil sie auf die Toilette müssen, Kapha-bestimmte müssen auf die Toilette, wenn sie etwas getrunken haben, während Vata-dominierte unregelmäßigen Stuhlgang und Verdauungsprobleme haben.

17. Hunger und Durst
a) isst und trinkt viel
b) manchmal mehr, manchmal weniger
c) isst und trinkt eher konstant wenig

Pitta-dominierte Personen haben großen Appetit und essen und trinken viel, was mit der Dominanz des Feuerelements in ihnen zu tun hat. Vata-dominierte essen manchmal mehr, manchmal weniger, während Kapha-bestimmte konstant wenig essen und trinken.

18. Schlaf
a) tief und fest, schläft gerne
b) braucht wenig Schlaf, kann leicht wach bleiben
c) unterschiedlich, manchmal unruhiger Schlaf

Kapha-dominierte Menschen schlafen gerne, während Pitta-dominierte mit wenig Schlaf auskommen. Bei Vata-bestimmten ist es unterschiedlich, sie leiden manchmal unter unruhigem Schlaf.

19. Wetterempfindlichkeit
a) mag kein kaltes Wetter
b) mag den Sommer nicht
c) mag kein windiges Wetter
Kapha-Dominierte mögen kein kaltes Wetter, besonders kein kaltes nasses Wetter. Pitta-Dominierte leiden, wenn es zu heiß wird, während Vata-Bestimmte sensibel auf windiges Wetter reagieren.

Von den 19 aufgeführten Merkmalen sind einige offenkundig, andere sind zu erfragen. Trainieren Sie einfach diese Art der Beobachtung für einige Monate, ohne zunächst an Ergebnisse oder Schlussfolgerungen zu denken. Wenn Sie geübter sind, Menschen unter diesen Gesichtspunkten zu beobachten, dann werden Sie eine andere Dimension an ihnen entdecken.

Die Beobachtungen interpretieren und Schlussfolgerungen ziehen

Wenn Sie sich selbst und Menschen in Ihrer Umgebung schon etwas besser beobachten gelernt haben, dann fassen Sie die Beobachtungen zusammen und versuchen Sie, diese zu interpretieren. Am besten beginnen Sie bei einer oder zwei Personen, die Ihnen näher stehen. Stellen Sie keine direkten Fragen, denn Ziel der Übung soll es ja sein, allein aus der Beobachtung und dem normalen Gespräch genügend Informationen zu sammeln.
Wir wollen nun einige Beispiele betrachten, wie man seine Beobachtungen zur Bestimmung der Eigenkonstitution richtig interpretiert. Beachten Sie dabei, dass eine einzelne Beobachtung, wenn man sie nicht im Zusammenhang mit allen anderen Beobachtungen analysiert, leicht zu falschen Schlussfolgerungen führen kann. Die nachfolgenden Beispiele sollen Ihnen helfen,

Ihre eigenen Beobachtungen richtig einzuordnen. Dazu wählen Sie sich am besten möglichst unterschiedliche Fälle aus. Bevor wir zu den Beispielen kommen, vergegenwärtigen wir uns noch einmal folgende wichtigen Punkte:
• Vata und Kapha sind kalt,
• Pitta ist heiß,
• Vata ist trocken-kalt und Kapha ist nass-kalt.

Fall 1. Eine Person ist langsam und bedächtig in ihren Bewegungen, lässt das Telefon mehrmals klingeln, bevor sie abhebt, und macht es beim Türklingeln ähnlich. Diese Person braucht immer viel Zeit, bevor sie sich entscheiden kann. Sie hat saubere, glatte Haut und guten Haarwuchs, isst und trinkt in maßvoller Weise, schläft gern und fühlt sich müde, wenn das Wetter nass und kalt ist. Die Person hat auch stabile Gelenke und Bänder. Menschen, die zu dieser Gruppe gehören, verschieben Dinge gern auf den nächsten Tag, weshalb ihr Büro und ihre Wohnung oft etwas durcheinander sind.
Dies ist eindeutig ein Kapha Prakriti.

Fall 2. Eine Person klagt häufig über zu große Hitze, schwitzt sehr schnell und hat manchmal Körpergeruch, isst und trinkt reichlich, ist jedoch nicht dick. Die Haut ist nicht glatt, ab und an bilden sich Pickel, ansonsten ist die Gesichtsfarbe aber klar. Der Haarwuchs ist nicht dicht und es zeigt sich vielleicht schon Haarausfall. Die Person verfügt über viel Energie und ist oft ungeduldig, besonders vor den Mahlzeiten. Menschen dieser Gruppe werden leicht zornig.
Dies ist eindeutig ein Pitta Prakriti.

Fall 3. Diese Personen laufen und sprechen schnell, gehen alles zügig an und entscheiden auf der Stelle. Windiges Wetter stört sie

sehr und ihre Gesichtsfarbe ist eher trübe. Die Haut wird schnell trocken und muss bei trockenem Wetter des Öfteren eingecremt werden. Diese Personen wirken oft verunsichert und zeigen sich leicht ängstlich oder furchtsam. Sie können Kälte nicht vertragen und frösteln schnell. Oft treten die Adern hervor. Dies sind Menschen mit Vata Prakriti.

Anhand dieser drei Grundtypen von Prakriti können Sie mit einiger Übung die bei Personen in Ihrer Umgebung beobachteten Merkmale schon richtig interpretieren. Allerdings wird nur in eindeutigen Fällen die Typenzuordnung sehr einfach möglich sein; oftmals werden Sie jedoch anscheinend widersprüchliche Beobachtungen machen. Dabei ist leicht zu sehen, dass auf Grund der zahlreichen Kombinationsmöglichkeiten, in denen die einzelnen Merkmale auftreten können, die drei Grundtypen schnell zu einer unendlich großen Zahl individueller Charaktere anwachsen.

Gemischtes Prakriti

Nach den drei Grundtypen wenden wir uns jetzt drei weiteren Typen zu, die eine Kombination aus zwei Grundenergien bilden. Bei einem solchen gemischten Prakriti kann eine Person Merkmale aufweisen, die zwei verschiedenen Grundenergien zuzuordnen sind. Dies zeigt sich auch in ihrer äußeren Erscheinung, wenn zum Beispiel ein Mensch zwar dichten Haarwuchs (Kapha-Merkmal), aber keine glatte Haut hat wie sonst bei Kapha-bestimmten Personen üblich und etwas rosafarbene statt klare Augen. Hinsichtlich ihrer Persönlichkeitszüge und körperlichen Reaktionen können Menschen mit gemischtem Prakriti Merkmale beider Grundtypen zeigen, die gleichzeitig oder abwechselnd auftreten. Die folgenden Beispiele mögen dies verdeutlichen.

Fall 4. Eine Person reagiert und entscheidet schnell, bewegt sich flink und behände. Trotz dieser typischen Vata-Merkmale verfügt die Person aber über eine scheinende Gesichtsfarbe und hat die typisch rötlichen Augen eines Pitta-geprägten Menschen. Sie ist empfindlich gegen sehr saures und scharfes Essen, das seiner ayurvedischen Natur nach heiß ist, und bekommt leicht Pickel oder Herpes. An einigen Stellen wie Rücken oder Gesicht ist die Haut fettig, an Armen und Beinen jedoch nicht. Die Verträglichkeit gegenüber Hitze und Kälte ist veränderlich und oftmals reagiert diese Person unwirsch und impulsiv.

Diese Person hat eine Vata-Pitta-Veranlagung.

Fall 5. Dichtes Haar, reine Haut und ein solider Körperbau lassen eine Person zunächst als einen Kapha-bestimmten Menschen erscheinen, doch sie bewegt sich sehr schnell und ist auch recht entscheidungsfreudig. Wenn man sich die Augen genauer anschaut, fällt die gräuliche Trübung auf, die ein typisches Vata-Merkmal des Prakriti ist. Im umgekehrten Fall würden Haut und Haare auf eine Vata-geprägte Person hindeuten, die Augen aber eindeutig eine Kapha-Dominanz anzeigen. Womöglich erscheint diese Person auch ziemlich widersprüchlich in ihrer Natur, manchmal zurückhaltend und tolerant, ein anderes Mal das genaue Gegenteil.

Diese Person hat eine Vata-Kapha-Veranlagung.

Fall 6. Eine Person verfügt über feine Züge und ist zierlich gebaut, hat jedoch dichtes Haar, klare Haut und klare Augen. Oder, um die Merkmale umzukehren, sie hat einen stabil gebauten Körper, weniger dichten Haarwuchs, eine strahlende Gesichtshaut und etwas rötliche Augen. Es fällt auf, dass die Person tolerant sein kann, manchmal allerdings auch förmlich explodiert, wenn sie provoziert wird. Zuweilen isst und trinkt diese Person recht viel, ein anderes Mal sehr wenig. Stellen Sie sich vor, die Person hat, als sie das erste Mal bei

Ihnen zum Abendessen eingeladen war, sehr reichlich gegessen und bei der nächsten Einladung haben Sie deshalb eine besonders große Portion zubereitet; da aber hat diese Person nur die Hälfte gegessen. Im Winter ist diese Person manchmal zu dick angezogen, ein anderes mal macht ihr die Kälte gar nichts aus.
Diese Person hat ein Pitta-Kapha Prakriti.

Fall 7. Hier haben wir eine Person vor uns, die mit fast allen Situationen gut zurechtkommt und einen ausgeglichenen und zufriedenen Eindruck macht. Auch in außergewöhnlichen und schwierigen Lagen bewahrt sie ihr Gleichgewicht. Die Haut ist glatt wie bei einer Kapha-Person, strahlt jedoch wie bei einer Pitta-Person, und die Schnelligkeit von Vata geht einher mit der Stabilität von Kapha. Bei allen Wetterlagen und unter wechselnden Einflüssen von außen bewahrt der Körper immer sein Gleichgewicht, die Person zeigt Ausdauer und hohe Abwehrkräfte.
Die Person verfügt über ein Samadosha Prakriti (Gleichgewicht der drei Grundenergien).

Gibt es nur sieben Arten von Individuen?

Wenn man nur diese sieben vorgestellten Typen zu betrachten hätte, wäre die Bestimmung des Prakriti eine relativ einfache Sache. Es gilt dabei jedoch noch eine Reihe anderer Faktoren zu beachten, die wir in diesem Abschnitt behandeln wollen. Sie werden dann feststellen, dass angesichts der vielen Variationsmöglichkeiten insgesamt eine schier endlose Zahl unterschiedlicher Prakriti auftreten kann. Wenn Sie jedoch erst einmal den ersten Schritt gemeistert und in Bezug auf die sieben genannten Typen an Beobachtungssicherheit gewonnen haben, dann wird Ihnen der Rest sicherlich nicht schwer fallen. Wenden wir uns nun diesen zusätzlichen Faktoren zu.

1. Ojas *(Immunität und Vitalität)*. Menschen sind hinsichtlich ihrer Vitalität, Ausdauer und Widerstandskraft, unserem Ojas also, alle unterschiedlich. Betrachten wir zum Beispiel zehn Menschen mit Samadosha Prakriti, so weisen wahrscheinlich alle, obschon sich ihr Körper im Gleichgewicht befindet, einen anderen Grad an Ojas auf. Betrachten wir die Stärke der Ojas auf einer Skala von 0,1 bis 10, so erhalten wir schon 100 mögliche Arten von Samadosha. Gehen wir bei den anderen sechs Typen ähnlich vor, dann wird die Variationsbreite noch viel größer. Stellen wir uns zum besseren Verständnis die drei Grundenergien jeweils in Form von Blöcken vor. In einer Samadosha-Person mögen wir dann von jeder Art einen solchen Block finden, in einer anderen vielleicht je zwei, drei oder zehn. Eine Person mit zehn Blöcken jeder Energieart würde das höchste Maß an Ojas aufweisen. Halten wir also fest, dass Ojas praktisch in jedem von uns unterschiedlich stark ausgeprägt ist.

2. Stärke des Übergewichts einer Grundenergie. In den oben angeführten Fällen zeigen bestimmte Merkmale die Dominanz einer einzelnen Grundenergie an. Es ist dabei durchaus möglich, dass eine Person nur einige dieser Merkmale aufweist, aber eben nicht alle. Von diesen Merkmalen wiederum wird ein Teil deutlicher hervortreten und auffallender sein als andere. Beides zeigt an, wie stark das Übergewicht einer Grundenergie ist. Sie kennen sicher eine Person, die sich zum Beispiel oft große Sorgen macht. Wenn Sie nun stärker auf andere typische Vata-Anzeichen achten, werden Sie in dieser Person sicherlich einige davon entdecken. Genauso gut könnten die anderen Merkmale aber auch nur sehr undeutlich erkennbar sein. Achten wir künftig also auch darauf, wie stark bei einem Menschen eine bestimmte Grundenergie überwiegt.

3. Verschiedene Mischungsverhältnisse im gemischten Prakriti.
Bei den drei gemischten Prakriti-Typen kann das Verhältnis
zwischen den beiden hervortretenden Doshas unterschiedlich
ausfallen; praktisch jedes Mischungsverhältnis ist möglich. Wenn
zum Beispiel in einem Vata-Pitta Prakriti das Pitta gegenüber dem
Vata überwiegt, haben wir ein Pitta-Vata Prakriti vor uns. Glei-
ches gilt in Fällen von Vata-Kapha und Pitta-Kapha.

Ebenso wie sich Milliarden von Menschen auf dieser Erde in ihrem
Aussehen unterscheiden, so weisen sie auch alle eine andere innere Erscheinung, ein anderes Prakriti auf. Betrachten wir deshalb das
Prakriti einfach als unser inneres Gesicht. Auf dieser Grundlage
werden Sie mit etwas Erfahrung auch das innere Gesicht so betrachten können, wie Sie es bislang mit dem äußeren Gesicht getan
haben. Lassen Sie sich von den vielfältigen Variationsmöglichkeiten
nicht abschrecken. Um Ayurveda in Ihrem eigenen Alltag praktisch
anwenden zu können, ist es anfangs nicht erforderlich, alle Details
zu durchdringen. Behalten Sie lediglich die sieben Hauptarten von
Prakriti im Kopf und lassen Sie etwas Spielraum für unterschiedliche Ausprägungen. Nach einiger Übung werden Sie dann Menschen auch an ihrem Prakriti unterscheiden können, so spontan wie
Sie sie bisher nur an ihrem Äußeren erkennen.

Einige interessante Erfahrungen mit Prakriti

Nach den obigen Erläuterungen ist es zum besseren Verständnis
vielleicht ganz hilfreich, wenn ich von diesbezüglichen Erfahrungen berichte, die ich in meinen Ayurveda-Seminaren in
Europa gemacht habe.
In den letzten zehn Jahren hat Ayurveda, wie bereits erwähnt, viel
an Popularität gewonnen. Es wurden sogar einige Schulen einge-

richtet, die Ausbildungen von ein oder zwei Monaten anbieten. Einige Absolventen dieser Veranstaltungen halten anschließend Vorträge oder praktizieren Ayurveda. Solche »Lehrer« oder »Praktiker« verfügen meist allerdings nur über ein sehr oberflächliches Verständnis von Ayurveda. Wir in Indien sagen, man braucht mehr als ein Leben, um sich das Ayurveda-Wissen anzueignen. Einige der erwähnten Schulen glorifizieren eine bestimmte Art von Prakriti, andere verdammen sie. Und diese irrige Auffassung wird von den dort Ausgebildeten dann unter interessierten Zuhörern weiterverbreitet. Eine junge Dame, die in Deutschland Ayurveda und Yoga unterrichtet, lud mich einmal zu einem einwöchigen Seminar ein. Sie war davon überzeugt, Pitta sei das beste Prakriti und sie selbst sei natürlich auch Pitta – eine brillante und charmante Person. Kapha dagegen setzte sie herab, denn ihrer Meinung nach seien diese Menschen zu langsam und eigentlich lästig, vielleicht auch nicht intelligent genug. Auf dem Seminar erklärte ich ihr, dass ihr Prakriti in Wahrheit Pitta-Kapha ist, eine Tatsache, die sie nicht akzeptieren wollte. Ich benötigte einige Tage dazu, sie von den Kapha-Merkmalen ihres Körpers und ihrer Persönlichkeit zu überzeugen. Die arme Frau war sich auch nicht bewusst, dass Albert Einstein auch ein Pitta-Kapha Prakriti hatte.

Wenn es verschiedene Dinge gibt auf der Welt, dann bedeutet das nicht, eins ist gut und das andere schlecht. Verschieden sind auch die Farben, Gerüche, Vegetationsformen und die Jahreszeiten. Und das Prakriti, unsere Eigenkonstitution, sollten wir ähnlich sehen. Bei einem kreativen Geist kommt es auf das Prakriti nicht so sehr an, die Ojas-Energie spielt eine größere Rolle. Innerhalb der sieben Gruppen weist jedes Prakriti seine eigenen besonderen Merkmale auf. Ein und dieselbe Eigenschaft kann man für einen guten wie für einen schlechten Zweck einsetzen. Ein dominantes Element Feuer zum Beispiel mag seinen Aus-

druck in kreativer Arbeit oder in Zorn und Ärger finden. Mit den Elementen Luft und Äther vermag man seine Erfahrung und sein Wissen zu erweitern oder in gedankenlose Hetze zu verfallen. Die Stabilität von Wasser und Erde hilft bei der Lösung schwieriger Aufgaben; man kann sie jedoch auch mit Unbeweglichkeit und Faulheit verschwenden.

Auf einem weiteren Seminar in Deutschland traf ich auf einen Seminarleiter, der überzeugt davon war, ein Kapha Prakriti sei das Beste, weil solche Menschen auch ein langes Leben erwarten könnten! Als ich einmal in einem anderen Seminar Beispiele von Prakriti-Arten meiner Studenten erläuterte, fing eine junge Dame zu weinen an und hielt mir vor, dies hätte ich über sie nicht vor allen anderen verraten dürfen. Bisweilen hielten manche Prakriti sogar für eine Krankheit oder deren Symptome. Solche Auffassungen sind jedoch im Zuge der Verbreitung des Ayurveda glücklicherweise seltener geworden.

Ein Bekannter in Deutschland akzeptiert nur Dinge, die rational begründbar sind und eine wissenschaftliche Basis haben. In Bezug auf Medizin und Wissenschaft aus dem Osten war er immer sehr konservativ, zeigte sich jedoch stark beeindruckt, als ich ihm sein Prakriti und damit zusammenhängende Körper- und Persönlichkeitsmerkmale erläuterte. Insbesondere interessierte ihn die Verbindung verschiedener Charakterzüge zum Element Feuer wie seine rötliche Gesichtsfarbe, sein Zorn, sein scharfer Verstand und seine Unempfindlichkeit gegenüber Kälte.

Auf Wochenendseminaren referiere ich normalerweise einen halben Tag über das Thema Prakriti und führe dabei zahlreiche Beispiele an. Oft kommen dann hinterher einige der Teilnehmer zu mir und erzählen mir etwas von ihrem Prakriti, das irgendjemand »diagnostiziert« habe oder mit Hilfe eines Fragebogens aus einem Buch ermittelt wurde. In der Regel ist es vorteilhafter, sein Prakriti nicht zu kennen, als davon eine falsche Vor-

stellung zu haben. Man sollte sich besser selbst beobachten lernen oder direkt zu einem Ayurveda-Arzt gehen, anstatt irgendjemanden zu fragen, der nur über wenig fundiertes Wissen verfügt. Eigentlich ist es gar nicht schwer, das Prakriti zu analysieren, und bei sich selbst ist es am leichtesten. *Abb. 5* fasst die einzelnen Schritte für die Bestimmung des Prakriti noch einmal zusammen.

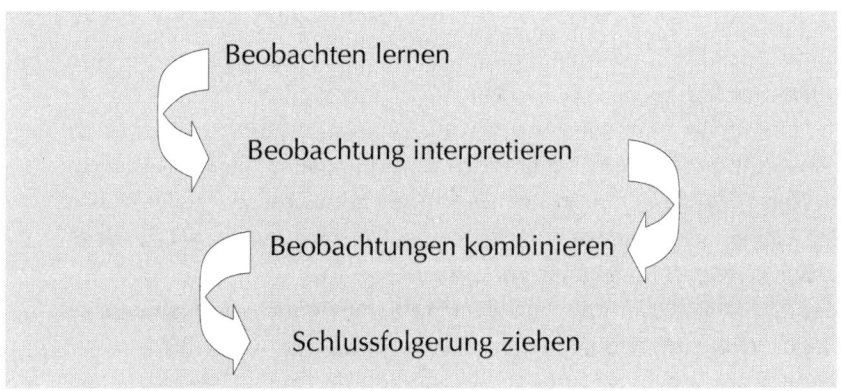

Beobachten lernen

Beobachtung interpretieren

Beobachtungen kombinieren

Schlussfolgerung ziehen

Abb. 5: Schritte zur Bestimmung des Prakriti

Das Prakriti – ein selbstregulierendes System

Es ist wichtig zu verstehen, dass der Körper als wohl organisiertes System auf schädliche Eingriffe von außen automatische Stabilisierungskräfte freisetzt, die alles Belastende wieder abstoßen und das System zu seiner natürlichen Ausgangslage zurückführen. Wenn wir uns zum Beispiel in den Finger schneiden, wächst die Wunde von selbst wieder zu; und essen wir etwas Schlechtes, dann entledigt sich der Körper auch dieser Stoffe auf die eine oder andere Art. Frieren wir, dann zittert der Körper, um

sich etwas Wärme zu verschaffen; wenn es heiß ist, schwitzen wir und der Körper kühlt sich auf diese Weise ab. Dieses Phänomen kennen wir aus der Natur. Wenn dort eine Störung in Form von Überschwemmungen, Dürre, eines Orkans oder Erdbebens auftritt, dann findet die Natur nach einiger Zeit selbsttätig zu ihrem normalen Zustand zurück. Unser Körper reagiert ähnlich, da er aus denselben fünf Elementen besteht und innerhalb des Kosmos ein selbstständiges System bildet.

Abweichungen vom Prakriti

Abweichungen vom Prakriti bezeichnet man, wie wir oben gesehen haben, als Vikriti, einen ungesunden Zustand. Ungesund ist dabei nicht notwendigerweise gleichzusetzen mit unwohl oder krank; es kann sich auch einfach nur um ein nicht optimales Energieniveau handeln. Hierzu kommt es, wenn eine oder zwei bestimmende Grundenergien auf Grund von Witterungseinflüssen, unausgewogener Ernährung, Überarbeitung, Belastungen durch Reisen oder emotionale Faktoren in einen Zustand des Vikriti versetzt werden. Ebenso möglich ist, durch ein nicht an unsere Umgebung angepasstes Verhalten die Grundenergien zu beeinträchtigen. Auch wenn Ihr Prakriti nicht Vata sein sollte, können Sie sich dennoch eine Vata-Störung zuziehen, wenn Sie nur kalt essen, wenig schlafen oder sich nicht auf andere klimatische Verhältnisse einstellen. Wenn jemand zum Beispiel im Herbst oder Winter von Delhi nach Frankfurt kommt und sich in seinen Essgewohnheiten und sonstigen Verhaltensweisen nicht an das nass-kalte Wetter mit nur wenigen Sonnenstunden anpasst, so kann er sich leicht ein Kapha Vikriti zuziehen. Man muss sich dann trotz des Wetters auch im Freien bewegen und darauf achten, nicht zu viel fette und süße Sachen zu essen. In West-

europa halten sich viele Einwanderer aus Indien zu lange in den Innenräumen auf, wenn es nass, kalt und dunkel ist; sie sollten sich jedoch besser richtig warm anziehen, vor Regen schützen und sich dann mehr im Freien bewegen. Andererseits bleiben Menschen aus dem kalten Norden in südlichen Ländern oftmals zu lange in der grellen Sonne. In Indien gibt es ein Sprichwort aus Kolonialzeiten: Nur Hunde und Engländer sind im Sommer nachmittags auf der Straße.

Wie alles im Universum sind auch unsere körperlichen und geistigen Funktionen nicht starr festgelegt, sondern reagieren flexibel auf Veränderungen. So kann sich ständig ein Wechsel von Prakriti zu Vikriti vollziehen. Unser praktisches Ayurveda-Programm dient nun dazu, einen solchen Wechsel anhand von Veränderungen in Urin, Stuhl, Mundgeschmack oder anderen Beobachtungen rasch zu erkennen und dann umgehend Maßnahmen durchzuführen, mit deren Hilfe der Körper sein Prakriti wiedererlangt.

Vom Prakriti zum Vikriti zurückzufinden, das vermag der Körper aus eigener Kraft. Wer zum Beispiel zu viel Pitta-erhöhende Dinge gegessen hat und deshalb übermäßige Wärme im Körper verspürt, der bekommt vielleicht einen leichten Durchfall. Dann entledigt sich der Körper seiner überschüssigen Wärme auf dieselbe Art, wie er versucht, sein Gleichgewicht wiederzuerlangen, wenn man etwas sehr schwer Verdauliches oder Verdorbenes gegessen hat. In solchen Fällen würde die Einnahme von Medikamenten den natürlichen Reinigungsvorgang nur behindern; man sollte die Natur ungestört arbeiten lassen. Charaka gebraucht in diesem Zusammenhang das Bild von einer gestürzten Person, die auch allein wieder aufstehen könnte; reicht ihr jedoch jemand die Hand, so geht das viel leichter. Solche Hilfestellung geben wir unserem Körper, wenn er vom Prakriti abgewichen ist, mittels angepasster Ernährung, Ruhe, Massage,

Bädern und anderen einfachen Schritten. Auch durch Einwirkung von außen, bei Bakterien- und Virusbefall oder Verletzungen, kann ein Vikriti entstehen; in solchen Fällen müssen wir vor allem geeignete Arzneien einnehmen und auf eine besondere Diät achten, damit der Körper allmählich sein natürliches Gleichgewicht wiedererlangt.

Im nächsten Kapitel werden wir uns den täglichen Beobachtungen unserer Befindlichkeit zuwenden und in Kapitel 9 lernen wir die verschiedenen Arzneien kennen, die uns helfen, einen Zustand des Vikriti wieder ins Prakriti zurückzuverwandeln. Dabei geht man in den folgenden Schritten vor:

1. Bestimmung des Prakriti wie oben beschrieben.

2. Tägliche Beobachtung mit den im folgenden Kapitel im Rahmen des Morgenprogramms beschriebenen Diagnoseverfahren.

3. Stellt man eine Veränderung des Prakriti in Richtung Vikriti fest, so werden Veränderungen der Ernährung und die Einnahme von Arzneien notwendig, die in Kapitel 9 beschrieben sind.

4. Erholt man sich gerade von einer Krankheit oder Verletzung, stärkt man sein Ojas wie ebenfalls in Kapitel 9 dargestellt.

3 Das Morgenprogramm

Das Morgenprogramm besteht aus einigen Übungen, die unsere Aufnahmefähigkeit wecken, uns mit kosmischer Energie versorgen, dem Körper neue Kräfte verleihen und dem Geist Ruhe schenken. Mit diesem Programm regenerieren wir uns und reinigen Körper und Geist; vor allem hilft es uns, den Tag in Ruhe, mit Sattva, zu beginnen. Sattva lässt uns effizienter und kreativer arbeiten und gibt uns eine größere Ausstrahlung. Das ayurvedische Bad besitzt ebenfalls eine spirituelle Komponente; es reinigt nicht nur Körper und Geist, sondern belebt auch die *Srotas*, unsere Energiekanäle, und lindert körperliche Beschwerden. Darüber hinaus dient das Programm der Selbstbeobachtung und hilft festzustellen, ob ein Zustand von Vikriti vorliegt.

Vor dem Aufstehen ...

Sie wachen langsam auf und stellen sich vor, wie die Sonne einen neuen Tag erweckt. Der Morgen bedeutet auch für uns: Ein neuer Lebenstag ist gekommen.
Sie richten sich auf, blicken gegen Osten, denken an die Sonne und sehen im Geiste ihr Bild. Sagen Sie folgendes Mantra still vor sich hin:

»Sonne, o Sonne, ich danke dir für einen neuen Tag im Leben. Lass mich noch viele solcher Tage sehen und sorge dafür, dass meine

fünf Sinne gesund bleiben bis zum Ende meines Lebens. Gib mir deinen Segen, beschütze mich. Ich danke dir für einen neuen Tag im Leben. Führe mich mit deinem Licht, zeige mir den rechten Weg und lasse mich die richtigen Entscheidungen treffen. Beschütze mich und segne mich mit Wohlgefühl. Ich danke dir für einen neuen Tag im Leben. Ich danke dir für einen neuen Tag im Leben. Ich danke dir für einen neuen Tag im Leben.«

Nach dem Sonnen-Mantra machen Sie nun fünf tiefe Atemzüge, die im Folgenden beschrieben werden. Pranayama ist ein Yoga-Fachbegriff und bezeichnet verschiedene Atemübungen. Atmen ist unsere Verbindung mit dem Kosmos und lässt uns unsere Lebendigkeit wahrnehmen.
Diese fünf Atemzüge führen Sie wie folgt durch:

Schritt 1: Atmen Sie langsam und gleichmäßig ein und führen Sie dabei die Prana-Energie zum Sonnengeflecht (Solar-Plexus). Halten Sie den Atem an und konzentrieren Sie sich auf diese Zone. Atmen Sie dann langsam und gleichmäßig wieder aus. Wenn die Luft vollständig ausgeatmet ist, halten Sie einen Moment inne und konzentrieren sich wieder auf das Sonnengeflecht, ohne erneut einzuatmen.

Schritt 2: Atmen Sie erneut langsam und gleichmäßig ein und senden Sie die Prana-Energie in die Nabelgegend. Halten Sie den Atem an und konzentrieren Sie sich auf den Nabel. Atmen Sie dann langsam und gleichmäßig aus. Wenn die Luft vollständig ausgeatmet ist, halten Sie einen Moment inne und konzentrieren Sie sich weiter auf Ihren Bauchnabel, ohne erneut einzuatmen.

Schritt 3: Mit dem nächsten Atemzug schicken Sie die Prana-Energie in die untere Körperhälfte. Halten Sie den Atem an und lassen

Sie die Prana-Energie zwischen unterer Rückenpartie, Beinen bis zu den Füßen umlaufen. Atmen Sie dann langsam aus. Halten Sie wieder einen Moment inne und konzentrieren Sie sich dabei weiter auf diesen Körperbereich, ohne erneut einzuatmen.

Schritt 4: Der vierte Atemzug schickt die Prana-Energie in den Kopfbereich. Wenn sie dort ist, halten Sie etwas inne und atmen dann langsam und gleichmäßig wieder aus. Halten Sie erneut inne und konzentrieren Sie sich weiter auf die Kopfpartie, ohne erneut einzuatmen.

Schritt 5: Der fünfte Atemzug ist etwas umfangreicher, weil er die Prana-Energie durch den gesamten Körper schickt. Atmen Sie wieder langsam und gleichmäßig ein und lassen Sie die Prana-Energie im ganzen Körper umlaufen, erst zum Kopf, dann über Nacken und Schultern durch die Arme in die Hände und schließlich über Brustkorb und Unterleib in Beine und Füße. Halten Sie den Atem an und seien Sie sich Ihres ganzen Körpers bewusst. Atmen Sie dann langsam und gleichmäßig aus und konzentrieren Sie sich dabei weiter auf Ihren Körper. Halten Sie danach wieder einen Moment inne, ohne erneut einzuatmen.

Die gesamte Übung dauert keine zwei Minuten.

Pranayama

Um die vorstehende Übung immer besser durchführen zu können, sollte man einige Grundübungen des Pranayama beherrschen.
Pranayama bedeutet wörtlich Kontrolle des Prana. Prana bezeichnet das Leben selbst oder das Bewusstsein. Die Seele im Orga-

nismus vermittelt uns Bewusstsein, aber Prana, das Atmen als Ausdruck des Lebens, hält Körper und Seele zusammen. Wenn das Prana aufhört, trennt sich die Seele vom Körper und wir sterben. Prana ist die Energie des Universums, die in uns fließt, weil wir atmen. Atmen ist deshalb nicht einfach nur die Mechanik der Aufnahme von Energie in Form von Sauerstoff, die unser Körper zur Verrichtung seiner Arbeit braucht, wie diejenigen glauben, für die der Körper wie eine Maschine ist. Das Atmen stellt vielmehr auch unsere Verbindung mit dem Universum dar und indem wir atmen, nehmen wir mit unserer Atemluft auch kosmische Energie auf, viel mehr also als nur den erforderlichen Sauerstoff.

Ein nennenswerter Teil der Luft ist Stickstoff, aus dem zum Teil auch das Körpereiweiß besteht. Andere in der Luft enthaltene Elemente sind Kohlenstoff, Silizium, Kalzium und Phosphor. Gemeinsam mit diesen Stoffen nehmen wir über die Luft auch die viel subtileren Elemente auf. Die Lebensenergie der Luft ändert sich ständig je nach Ort, Tageszeit oder Klima und beeinflusst dadurch unser Leben immer auf andere Weise. Wir sollten uns vergegenwärtigen, dass das Atmen unser gesamtes Leben betrifft, ja das Leben selbst ist und deshalb nannten es die alten Schriftgelehrten Prana. Die folgenden Übungen sind eine Einführung in das Pranayama.

Schritt 1: Setzen Sie sich im Schneidersitz oder in der Lotusstellung nieder. Vergewissern Sie sich, dass das Rückgrat gerade ist und der Körper entspannt. Atmen Sie langsam und gleichmäßig tief ein und konzentrieren Sie sich voll auf das Prana, achten Sie auf seinen Rhythmus und verfolgen Sie seinen Weg durch den Körper. Denken Sie nicht mehr an das Einatmen und verharren Sie regungslos, während das Prana sich in Ihnen bewegt. Halten Sie den Atem so lange wie möglich an und atmen Sie dann gleichmäßig im selben Rhythmus wieder aus. Kon-

zentrieren Sie sich weiter auf das Atmen. Wenn Sie vollständig ausgeatmet haben, halten Sie für kurze Zeit inne und horchen in Ihr Inneres. Wiederholen Sie diesen Vorgang mehrmals und verlängern Sie dabei die Dauer des Ein- und Ausatmens sowie der Pausen dazwischen jedes Mal. Das Ein- und Ausatmen dauert ungefähr dieselbe Zeit und ist etwa doppelt so lang wie die Pausen dazwischen. Man braucht dabei aber nicht auf die Uhr zu schauen.

Abb. 6

Abb. 7

Schritt 2: Nach der Anfangsübung füllen Sie beide Körperhälften nacheinander mit Prana-Energie. Sie repräsentieren Tamas und Rajas bzw. den Mond (linke Hälfte) und die Sonne (rechte Hälfte). Dabei wird abwechselnd eine Nasenseite geschlossen gehalten und nur durch die andere ein- und ausgeatmet. Mit dem linken Daumen halten Sie fest das linke Nasenloch zu und atmen nur durch das rechte ein *(Abb. 6)*. Dann halten Sie mit dem Ringfinger auch das rechte Nasenloch zu *(Abb. 7)* und halten die Luft an. Lösen Sie dann den Ringfinger zum Ausatmen. Halten Sie nach dem Ausatmen das rechte Nasenloch wieder zu und halten Sie inne. Wiederholen Sie den Vorgang für die rechte Nasenöffnung sechs- bis zehnmal und stellen Sie sicher, dass die linke Seite fest

geschlossen bleibt. Anschließend verfahren Sie ebenso mit dem linken Nasenloch, wobei dann das rechte immer verschlossen bleibt.

Schritt 3: Halten Sie wieder das linke Nasenloch mit dem Daumen geschlossen und atmen Sie nur durch das rechte ein. Dann halten Sie auch das rechte Nasenloch zu und die Luft in der Lunge. Jetzt lösen Sie jedoch den linken Daumen, behalten das rechte Nasenloch weiterhin geschlossen und atmen durch das linke Nasenloch aus. Danach schließen Sie das linke wieder und halten kurz inne. Jetzt atmen Sie mit dem linken Nasenloch ein und setzen den Vorgang fort, d. h. abwechselnd durch ein Nasenloch einatmen und durch das andere aus- und erneut einatmen. Den gesamten Vorgang sechs- bis zehnmal wiederholen.

Schritt 4: Abschließend atmen Sie durch beide Nasenlöcher ein- und aus und schließen in den Pausen dazwischen auch beide fest mit Daumen und Ringfinger.

Nach dem Aufstehen ...

Niemand kann in seinen Körper hineinschauen. Urin und Stuhl aber liefern uns Anhaltspunkte über das Geschehen im Körper und seinen Zustand. Reststoffe gibt der Körper als *Mala* oder Exkremente ab; sie sind Beleg für bestimmte Aktionen und Reaktionen im Inneren des Körpers. Als wohl organisiertes System zeigt er uns an, wenn etwas nicht in Ordnung ist. Urin und Stuhl bieten uns daher täglich eine einfache Gelegenheit zur Selbstdiagnose und helfen uns, die richtigen Pflegemaßnahmen für unseren Körper zu treffen.

Prüfung des Urins

Wenn Sie sich erleichtern, prüfen Sie Farbe und Art des Urins, um Aufschluss über Ihre Gesundheit zu erhalten:
• Gesunder Urin ist hell und fast wie Wasser.
• Trüber Urin bedeutet einen Überschuss des Elements Luft (Vata).
• Gelber Urin zeigt zu viel Hitze im Körper an (Pitta).
• Schaumiger Urin ist Zeichen einer Störung der Elemente Wasser und Erde (Kapha).

Prüfung des Stuhls

Je nach Prakriti werden einige ihren Darm unmittelbar nach dem Aufstehen (Pitta), andere erst einige Zeit später nach etwas Bewegung (Kapha) entleeren. Eine dritte Gruppe hat erst Stuhlgang, nachdem sie etwas heißes Wasser getrunken hat (Vata). Die Stuhlprüfung kann Folgendes ergeben:
• Gesunder Stuhl ist in seiner Konsistenz nicht besonders fest oder besonders weich.
• Dunkler, trockener Stuhl zeigt ein Vata Vikriti an.
• Wässriger Stuhl von etwas grünlicher Farbe weist auf ein Pitta Vikriti hin.
• Klebriger, weißlicher Stuhl bedeutet ein Kapha Vikriti.

Die Augen waschen

Nachdem wir uns erleichtert haben, waschen wir die Augen und spülen den Mund. Wir spritzen einfach kaltes Wasser aus der Hand fünf- bis sechsmal an die geöffneten Augen. Dies erfrischt sie und hilft unserer Sehkraft.

Mund und Zunge reinigen

Während des Zähneputzens konzentrieren wir uns nur darauf, die Zähne sorgfältig zu reinigen, vorzugsweise mit ayurvedischer Zahnpasta oder ayurvedischem Zahnpulver. Dann spülen wir den Mund und säubern die herausgestreckte Zunge mit einem Zungenreiniger oder einer weichen Zahnbürste. Dabei macht sich die Gurgel bemerkbar und auch der Magen erhält ein wenig Übung.

Heißes Wasser trinken

Als Erstes trinken Sie morgens ein Glas heißes Wasser (etwa 250 ml). Das Wasser bleibt über Nacht stehen und wird morgens erwärmt. Am besten kocht man es mit ein paar Kapseln Kardamom ab wie unten beschrieben. Kardamomwasser hält sich für mehrere Tage.

Sollten Sie unter einer schwierigen Verdauung leiden, kann die Menge Wasser bis auf zwei Gläser erhöht werden.

Kardamomwasser

Zwei bis drei Liter Trinkwasser in einen Topf geben, den Inhalt von drei bis vier zerstoßene Kardamomkapseln ohne Schale hinzugeben und etwa drei Minuten bei geschlossenem Deckel auf geringer Hitze kochen lassen. Abkühlen lassen und in Flaschen füllen. Hiervon die morgens benötigte Menge nehmen und vor dem Trinken erwärmen. Kardamomwasser ist auch tagsüber gut zu trinken. Es ist besser gegen den Durst als normales Wasser.

Kardamom ist gut für Hals, Stimme, Herz und Verdauung. Es ist ein in sich ausgewogenes Gewürz und fördert das Gleichgewicht der drei Grundenergien.

Gymnastik, Yoga oder ein Spaziergang

Nachdem man das heiße Wasser getrunken hat, ruht man nicht wieder, sondern macht am besten einige Yoga-Übungen. Wer schon etwas Yoga gelernt hat und einige *Asanas* (Stellungen) beherrscht, dem empfehle ich *Surya Namaskar* (Sonnengruß). Die Übung besteht aus zwölf Stellungen und es dauert etwa zwölf Minuten, diese zwölfmal durchzuführen. Sie können die Übung aber auch weniger oft machen. Surya Namaskar (SN) gibt Ihnen Energie für den neuen Tag.

Für diejenigen, die nur wenig Zeit haben oder Yoga-Anfänger sind, habe ich ein kürzeres Übungsprogramm entwickelt, das nur etwa vier Minuten in Anspruch nimmt. Ich nenne es das Fünf-Elemente-Energieprogramm (FEEP).

Fühlen Sie sich zu schwach für solche Übungen, dann machen Sie alternativ einen kleinen Spaziergang von fünf bis zehn Minuten an der frischen Luft. Auf jeden Fall stehen Ihnen drei Möglichkeiten zur Auswahl. Die genaue Anleitung zu FEEP und SN finden Sie unten.

Das Fünf-Elemente-Energieprogramm (FEEP)

Das Programm besteht aus sieben Übungen, die den fünf Elementen gewidmet sind, aus denen wir gebildet sind.

1. Schaukeln für das Element Wind

Legen Sie sich auf den Rücken, ziehen Sie die Knie an und führen Sie sie in Richtung Brust. Legen Sie die Arme um die angewinkelten Beine und umfassen Sie die Hände. Heben Sie den Kopf an und schaukeln Sie Ihren Körper siebenmal vor und zurück *(Abb. 8)*. Denken Sie beim Schaukeln an das Element Wind. Es lässt Ihr Blut zirkulieren, sorgt dafür, dass Sie gehen, sprechen und denken können und führt die Nahrung in den Verdauungskanal.

Nehmen Sie nun wieder die Ausgangshaltung ein und wiegen Sie den Körper siebenmal nach rechts und links zur Seite *(Abb. 9)*.

Abb. 8

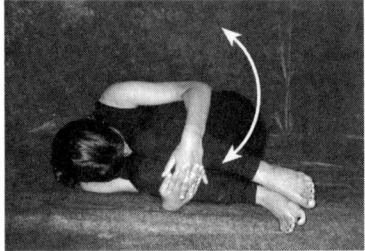

Abb. 9

2. Den Körper strecken für das Element Äther

Legen Sie sich auf den Rücken und strecken Sie die Arme weit nach hinten, sodass der Körper viel Raum einnimmt. Halten Sie die Arme dabei gerade und parallel. Denken Sie an den endlos blauen Himmel und machen in dieser Haltung fünf Atemzüge *(Abb. 10)*. Rich-

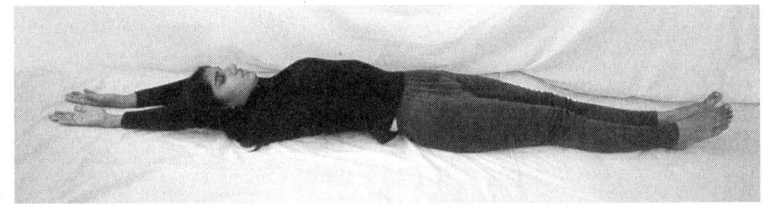

Abb. 10

79

Abb. 11

Abb. 12

ten Sie den Oberkörper langsam auf, halten Sie dabei den Kopf gerade zwischen den ausgestreckten Armen. Die Beine werden nicht bewegt *(Abb. 11)*. Beugen Sie sich ganz langsam und gleichmäßig nach vorn, bis die Fingerspitzen die Füße berühren *(Abb. 12)*. In dieser Haltung denken Sie an den vollen Sternenhimmel bei klarer Nacht. Ihr ausgestreckter Körper hat sich langsam gefaltet und nimmt jetzt nur noch den halben Raum ein, so wie auch der Himmel in der Nacht kleiner erscheint. Wiederholen Sie dies dreimal.

3. Drei Übungen im Stehen für das Element Feuer

Abb. 13

a. Stehen Sie aufrecht, die Füße etwas auseinander und die Hände gefaltet. Das Gewicht des Körpers ruht fest auf beiden Füßen *(Abb. 13)*. Stehen Sie ganz locker, lassen Sie alle Spannung los und nehmen Sie den Oberkörper etwas zurück, sodass das Rückgrat gerade wird. In der Haltung machen Sie fünf tiefe Atemzüge und konzentrieren sich dabei auf die Sonne.

b. Strecken Sie aus dieser Haltung die gefalteten Hände ganz nach oben und beugen Sie sich weit nach hinten *(Abb. 14)*. Richten Sie sich wieder gerade auf und nehmen Sie die Hände auseinander. Beugen Sie sich dann mit gestreckten Armen nach vorn, bis die Hände die Füße berühren *(Abb. 15)*. Denken Sie dabei an die Farben des Feuers.

Abb. 14

c. Stehen Sie gerade und beugen Sie die Knie wie zum Hinsetzen; halten Sie den Rücken dabei gerade *(Abb. 16)*. Konzentrieren Sie sich auf das Sonnengeflecht und denken Sie an das Element Feuer in Ihnen, das Ihnen Wärme gibt. In dieser Haltung atmen Sie dreimal durch.

Abb. 15

Abb. 16

81

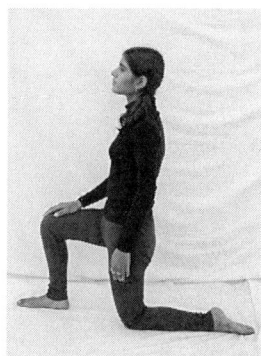

Abb. 17

Abb. 18

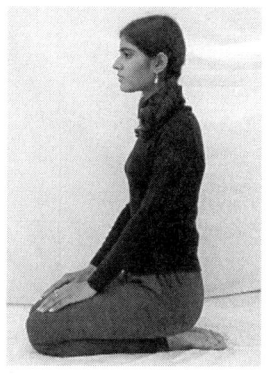

Abb. 19

4. Auf den Knien hin und her bewegen für das Element Wasser

Führen Sie kniend das rechte Bein nach vorn und nehmen Sie eine Haltung wie in *Abb. 17* ein. Das Gewicht lastet auf dem linken Knie und der linke Arm ist parallel zur linken Hüfte. Legen Sie die rechte Hand auf das rechte Knie, bewegen Sie den Oberkörper jetzt fünfmal nach vorn und hinten *(Abb. 18)* und denken Sie dabei an fließendes Wasser. Auf dieselbe Weise bewegen Sie den Körper mit dem linken Bein nach vorn wiederum fünfmal hin und her und denken dabei an das Blut im Körper, das in uns fließt wie die Bäche in der Natur.

5. Auf den Fersen sitzen für das Element Erde

Knien Sie wieder und setzen Sie sich dann auf die Fersen. Legen Sie beide Hände auf die Knie und lassen Sie alle Spannung los *(Abb. 19)*. Atmen Sie in dieser Haltung fünfmal tief durch und denken Sie an das Element Erde, das uns Schutz und Nahrung gibt. Falten Sie dann die Hände hinter dem Rücken und beugen Sie sich nach vorn, bis der

Kopf den Boden berührt *(Abb. 20)*. Wünschen Sie sich ein stabiles Element Erde, das dem Körper Form und Struktur gibt, und vor allem ein harmonisches Gleichgewicht aller fünf Elemente.

Abb. 20

Surya Namaskar – Gruß an die Sonne

Surya Namaskar (SN) besteht aus zwölf Einzelübungen, die nacheinander durchgeführt werden.
Schritt 1: Sie stehen mit gefalteten Händen, die Füße etwa 20 cm auseinander und wenden sich in Richtung Sonne. Den Oberkörper leicht zurücklehnen und alle Spannung loslassen *(Abb. 21)*. Schließen Sie die Augen und konzentrieren Sie sich auf die Sonne. Das *Gayatri* oder ein anderes einfaches Sonnen-Mantra wie *Om Suryaye Namah* fünf-, sieben- oder elfmal wiederholen.
Schritt 2: Nehmen Sie die gefalteten Hände nach oben, bis der Kopf zwischen den Armen ist, und beugen Sie sich dann zurück *(Abb. 22)*. Strecken Sie sich so weit wie möglich nach hinten, halten Sie den Kopf dabei immer zwischen den Armen.

Abb. 21

Abb. 22

83

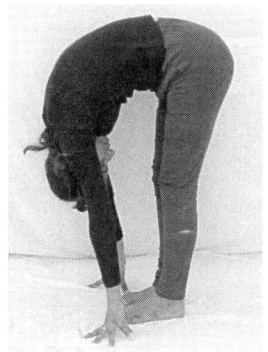

Abb. 23

Abb. 24

Abb. 25

Schritt 3: Richten Sie den Körper langsam auf, nehmen Sie die Hände auseinander und richten Sie die Arme gerade nach oben, wobei die Innenseite der Hände nach vorn weist. Beugen Sie sich erst nach vorn und dann nach unten, bis die Hände den Boden neben den Füßen berühren *(Abb. 23)*. Die Beine bleiben dabei gerade, die Knie werden nicht gebeugt. Wenn der Körper nicht so beweglich ist, dass man mit den Händen den Boden berühren kann, nicht verkrampft weiterprobieren. Nach einiger Übung wird der Körper beweglicher und es geht dann leichter.

Schritt 4: Aus der vorhergehenden Stellung verlagern Sie nun das Gewicht auf die Hände und das linke Bein und strecken das rechte Bein nach hinten, bis es auf Knie und Zehen ruht. Das linke Bein bleibt angewinkelt. Beugen Sie dann den Kopf nach hinten *(Abb. 24)*.

Schritt 5: Bringen Sie den Kopf wieder nach vorn und verlagern Sie das Gewicht auf die Hände. Strecken Sie das rechte Bein ganz nach hinten, sodass es mit dem Körper eine gerade Linie bildet. Halten Sie dabei das Gewicht mit

Händen und Zehen. Der Kopf bleibt in einer Linie mit dem Körper *(Abb. 25).*

Schritt 6: Gegenüber Stellung 5, wo wir den Boden mit vier Körperteilen berühren, geschieht das jetzt mit acht Stellen; deshalb heißt diese Stellung auch *Ashatanaga Pranama* (auf acht Körperteile niedergehen). Neben Händen und Füßen berühren nun auch die Knie, Brust und Kopf den Boden *(Abb. 26).* Bauch und Hüften dagegen berühren den Boden nicht.

Schritt 7: Verlagern Sie das Gewicht auf Hände und Füße und heben Sie langsam den Kopf. Beugen Sie den Kopf so weit wie möglich nach hinten *(Abb. 27).*

Schritt 8: Bringen Sie den Kopf langsam wieder nach vorn und heben Sie den Körper in der Mitte an; Hände und Füße tragen das Gewicht. Der Kopf ist weiterhin zwischen den Armen und die Fußsohlen bleiben flach auf dem Boden *(Abb. 28).*

Schritt 9: Bringen Sie das rechte Bein nach vorn und strecken Sie das linke nach hinten, die Arme bleiben gerade und das Gewicht wird auf die Hände verlagert. Den

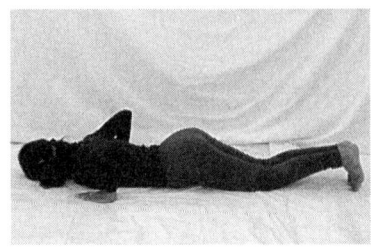

Abb. 26

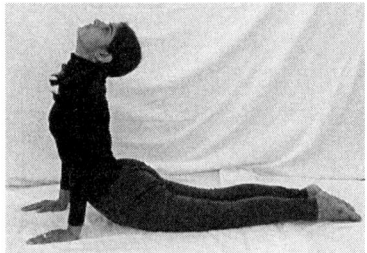

Abb. 27

Abb. 28

85

Kopf nach hinten beugen. Diese Haltung ist wie Stellung 5, aber mit dem rechten Bein nach vorn statt des linken *(Abb. 24)*.
Schritt 10: Diese Haltung ist wie Stellung 3 *(Abb. 23)*. Aus Stellung 9 den Körper etwas anheben, das gestreckte Bein nach vorn bringen und den linken Fuß zwischen die Hände neben den anderen setzen. Die Beine gerade halten und die Knie nicht beugen.
Schritt 11: Den Körper aus Stellung 10 aufrichten und die Arme nach oben strecken, die Hände falten und zurückbeugen wie in Stellung 2 *(Abb. 22)*.
Schritt 12: Dies ist die letzte Stellung und damit sind wir wieder am Ausgangspunkt bei Stellung 1 angelangt *(Abb. 21)*.

Ayurvedisches Baden oder Duschen

Nach der Yogaübung gönnen wir uns einige Minuten Ruhe, bevor wir uns baden oder duschen.

Das ayurvedische Bad ist anders als die im Westen übliche volle Badewanne. Man schüttet Wasser aus einem Eimer oder ähnlichen Gefäß mehrmals über sich. Die Dusche erfüllt denselben Zweck. Das ayurvedische Bad kann mit verschiedenen einfachen Maßnahmen zur Regeneration des Körpers verbunden werden, die ich hier erläutern werde. Dabei wollen wir auch Geist und Seele nicht vergessen. Das Bad reinigt den Körper, verleiht ihm neue Energie und reinigt auch die Seele, spült schlechte Gedanken fort und fördert den Erholungsprozess, wenn wir Beschwerden und Störungen haben.

Für ein ayurvedisches Bad benötigen wir Folgendes:

1. Gute Ölseife, damit sie die Haut nicht austrocknet.
2. Gelegentlich etwa 200 ml frische unbehandelte Milch.
3. Kokosnussöl, Oliven- oder Sesamöl und Senföl.
4. Massagebürste mit langem Stiel.
5. Heißes Badewasser (nicht zu heiß).

Den Körper mit Wasser bespritzen. Etwas Seife in die Hand reiben, ein bisschen Sesamöl dazugeben, in den Händen verreiben und die Haut damit kräftig einreiben. So lange wiederholen, bis der ganze Körper gut eingerieben ist.

Den Körper mit Wasser übergießen, um die Seife abzuspülen; Seifenreste mit der Hand abreiben. Lassen Sie das Wasser über den Körper fließen, es nimmt alten Dreck mit sich. Konzentrieren Sie Ihre Gedanken auf den Körper und wünschen Sie, Körper und Geist mögen von allen Unreinheiten gesäubert werden. Unreinheiten im Geist sind zum Beispiel Eifersucht oder Habgier. Verspüren Sie Schmerzen oder körperliche Beschwerden, so sollen auch diese mit fortgespült werden. Lassen Sie das spülende Wasser einfach alles mitnehmen und Ihren Körper und Geist reinigen. Wenn die Seife abgewaschen ist, massieren Sie den ganzen Körper mit der Massagebürste. Gehen Sie bei den Gelenken sowie Hüfte und Oberschenkeln besonders sorgfältig vor; Nacken und Wirbelsäule mehrmals massieren. Eine solche Massage erfrischt und regeneriert den Körper. Danach gießen Sie heißes Wasser über sich und reiben sich dann überall gut mit warmem Kokosnussöl ein. Halten Sie hierzu eine Flasche mit dem Öl in einem warmen Wasserbad von mehr als 25 °C bereit, denn darunter wird das Öl fest. Das Öl verleiht dem Körper Kraft und dem Geist Ruhe. Wenn der Körper das Öl richtig aufgenommen hat, übergießen Sie sich erneut mit warmem Wasser, um damit verbleibende Ölreste abzuspülen. Wünschen Sie sich dabei, dass alle Beschwerden, Störungen und Schmerzen mit dem Wasser fortgespült werden.

Hinweis: Kokosnussöl ist seiner Natur nach kalt und daher besonders im Sommer geeignet. Im Winter ist es in beheizten Wohnungen jedoch ebenso gut verwendbar. Sesamöl und Olivenöl dagegen sind ihrer Natur nach heiß und für Massagezwecke sollte man diese Öle vorher erst bei hoher Temperatur abkochen,

möglichst mit einigen Gewürzen. In Kapitel 6 ist hierfür ein Rezept angegeben. Personen mit Pitta Prakriti können Kokosnussöl immer verwenden, für jemanden mit Vata oder Kapha Prakriti ist jedoch besonders im Winter Sesamöl besser. Mit ayurvedischen Zutaten bereitetes Sesamöl ist für alle Typen zur Hautpflege gut geeignet.

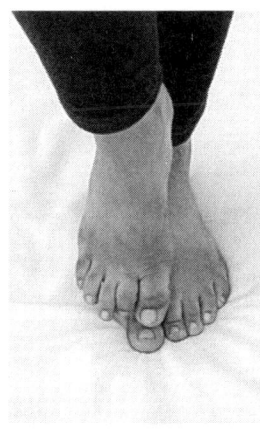

Massieren Sie dann den linken Zeh mit dem rechten und umgekehrt *(Abb. 29)*. Tauchen Sie zwei Finger in das Senföl, führen Sie sie in die Nasenlöcher und inhalieren Sie. Sie werden niesen müssen; schnäuzen Sie dann Ihre Nase richtig. Wenn Sie das starke Senföl nicht inhalieren mögen, schnäuzen Sie Ihre Nase zumindest nach dem Bad. Sie beenden das Morgenbad, indem Sie nochmals warmes Wasser über sich gießen und sich dabei einen friedlichen Tag wünschen.

Abb. 29

Morgengedanken

Der Morgen ist eine heilige Zeit; sprechen Sie deshalb in den Morgenstunden möglichst wenig. Beruhigen Sie Ihren Geist und halten Sie ihn frei von Gedanken an Personen, Ereignisse, Sorgen und Probleme. Konzentrieren Sie sich nur darauf, den Körper gründlich zu reinigen. Wenn Gedanken an Probleme oder Aufgaben des Tages hochkommen sollten, strengen Sie sich bewusst an und denken stattdessen daran, wie die Sonne einen neuen Tag in Ihr Leben gebracht hat. Zumindest bis nach dem Bad sollten Sie so verfahren.

Hieran sollte man denken

Unter ayurvedischen Gesichtspunkten sind folgende Dinge Ihrer Gesundheit abträglich:
• Springen Sie nie abrupt aus dem Bett. Der Körper braucht etwas Zeit, um aus dem Ruhezustand (Tamas) in den Bewegungszustand (Rajas) zu gelangen. Dieser Übergang sollte sich möglichst sanft und behutsam vollziehen.
• Manche Menschen hüpfen morgens sofort aus dem Bett, springen unter die Dusche, ziehen sich schnell an und gehen sofort zur Arbeit. Oftmals leiden sie dann unter Verdauungsschwierigkeiten, die Ursache vieler weiterer Beschwerden sein können. Wer sich so verhält, der behandelt seinen Körper schlecht und das wird sich früher oder später im Gesundheitszustand bemerkbar machen.
• Der Stuhlgang ist ein wichtiger Bestandteil des Morgenprogramms, den man nicht hinauszögern sollte. Beginnen Sie Ihren Tag erst richtig, nachdem sich der Körper aller Verunreinigungen, die sich angesammelt hatten, entledigen konnte.
• Setzen Sie sich nach dem warmen Bad nicht zugiger Luft aus. Plötzliche Kälte beeinträchtigt sofort Vata.

Frühstück

Vorzugsweise sollte man ein warmes und flüssigkeitsreiches Frühstück mit verschiedenen Arten von Brei (Dalia) oder Halwa einnehmen. Sehr empfehlenswert ist Möhren-Halwa.
Nehmen Sie niemals kalte und heiße Sachen gleichzeitig zum Frühstück. Viele Europäer essen zum Beispiel gern Joghurt und trinken dazu Tee oder Kaffee. Wenn man Joghurt und Obst zum Frühstück isst, sollte man Tee oder Kaffee eine halbe Stunde vor dem Frühstück trinken.

Hinweis: Wer Muskel- oder Gelenkschmerzen hat, sollte auf Joghurt ganz verzichten.

Nach dem Frühstück aus dem Haus gehen ...

Die meisten Menschen beginnen nach dem Frühstück ihren Arbeitstag und verlassen das Haus, weil sie woanders arbeiten. Bevor Sie aus dem Haus gehen, berühren Sie noch etwas, was Ihnen wertvoll ist oder für Sie besondere Symbolkraft besitzt, einen Bergkristall oder einen Stein, und wünschen Sie sich, dass Sie wieder gesund nach Hause zurückkehren. Solche kleinen symbolischen Rituale helfen Ihnen, ruhig und entspannt zu bleiben.

Wenn Sie mit dem Wagen fahren, so atmen Sie vor dem Anlassen tief durch und senden Prana-Energie durch den ganzen Körper. Atmen Sie ein zweites Mal tief durch und wünschen Sie sich einen Schutzgürtel rund um den Wagen.

Häufig gestellte Fragen zum Morgenprogramm

Reicht Ihr neues Programm FEEP aus, dem Körper und allen wichtigen Organen Energie zu verleihen?
Der Gedanke hinter dem FEEP ist natürlich auch, dass etwas immer besser ist als gar nichts. FEEP stelle ich hier vor, damit man die Übungen ebenso ernst nimmt wie das Zähneputzen oder den Gang zur Toilette. Sicherlich ist es allein nicht ausreichend, zumindest aber verhilft es zu einem guten Start in den Tag. Wenn Sie es sich zutrauen, dann schlage ich vor, jeden Morgen fünfmal SN zu machen. Ist die Zeit unter Woche zu knapp, so sollten Sie SN am Wochenende versuchen.

Es ist schwierig, morgens so viel Zeit damit zu verbringen, Urin und Stuhl zu prüfen, heißes Wasser zu trinken und dann ein ayurvedisches Bad zu nehmen. Gibt es keinen schnelleren Weg?
Wenn Sie dieses Kapitel lesen, bekommen Sie vielleicht den Eindruck, dass das Morgenprogramm ziemlich langwierig ist. In Wirklichkeit ist das Programm selbst recht kurz, nur es zu üben und sich daran zu gewöhnen dauert sicher länger. Mit der Zeit wird es für Sie zur Routine werden. Für das ayurvedische Bad brauchen Sie vielleicht zwei Minuten länger als für das Duschen; die Zehen massieren und die Nase schnäuzen nimmt jeweils nur Sekunden in Anspruch. Bis man alle Utensilien zur Verfügung hat und sich jeden einzelnen Schritt gemerkt hat, wird das natürlich länger dauern. Sie können das Programm auch am Wochenende üben und später erst in Ihren Tagesablauf integrieren.

Kann man an Stelle von Kardamomwasser morgens nicht auch Kräutertee, schwarzen Tee oder Kaffee trinken?
Das heiße Wasser dient dazu, den Körper von innen zu reinigen. Nach der Nachtruhe ist der Magen morgens leer; heißes Wasser bringt das System langsam in Gang und reinigt es zur gleichen Zeit, indem es den Harn- und den Verdauungstrakt spült. Nach dem Aufstehen waschen wir uns gern die Augen und spülen den Mund; mit dem Inneren des Körpers verhält es sich ähnlich. Das Gesicht würde man sich auch nicht gern mit Tee oder Kaffee waschen. Wasser ist nun einmal das beste Reinigungsmittel. Mit Tee, Kaffee oder Orangensaft würden wir den gesamten Verdauungsprozess bereits in Gang setzen. Kardamomwasser besitzt nur wenig Eigengeschmack und sorgt für das Gleichgewicht im Wasser. Abgekocht ist Wasser am leichtesten verdaulich. In der Chinesischen Medizin wird dem Morgenwasser zuweilen auch etwas Ingwer beigegeben. In kleinen Mengen (etwa 1–2 ccm je Liter Wasser) besitzt Ingwer dieselben Eigenschaften wie Kardamom.

4 Am Arbeitsplatz

Die meisten von uns verbringen einen Großteil des Tages am Arbeitsplatz. Wenn wir die Zeit nicht einrechnen, die wir mit Schlafen verbringen, dann sind wir sogar länger am Arbeitsplatz als zu Hause. Viele arbeiten jedoch auch zu Hause, andere wiederum sind oft unterwegs. Nach Ayurveda ist das Wichtigste im Leben die Freude am Leben selbst und dies bedeutet, dass wir uns intensiv um unsere Gesundheit und unser Wohlergehen kümmern müssen. Die zweite Priorität betrifft unsere Arbeit, mit der wir unseren Lebensunterhalt sichern, denn ein langes Leben ohne die notwendige materielle Grundlage wäre keine allzu erfreuliche Aussicht. An dieser Stelle möchte ich deshalb kurz erläutern, welche Punkte am Arbeitsplatz besonders zu berücksichtigen sind.

• Beginnen Sie Ihren Tag mit Sattva-Gedanken und wünschen Sie sich einen erfolgreichen, erfüllten Arbeitstag. Machen Sie fünf tiefe Atemzüge, bevor Sie mit Ihrer Arbeit anfangen.
• Konzentration ist sehr wichtig. Richten Sie Ihre gesamte körperliche und geistige Energie auf Ihre Arbeit. Alle Probleme, die mit zu Hause zu tun haben oder irgendetwas anderem zusammenhängen, schieben Sie bei der Arbeit zur Seite.
• Haben Sie Schwierigkeiten mit den Kollegen oder mit der Arbeit selbst, dann bemühen Sie sich, so gut Sie können, tolerant und interessiert zu sein. Denken Sie daran, dass nichts perfekt ist und überall, wo Menschen zusammen arbeiten, auch Konflikte

entstehen. Stehen Sie es mit Sattva durch! Sie dürfen aber nicht darunter leiden. Dann wechseln Sie lieber den Arbeitsplatz. Und falls das nicht geht, strengen Sie sich an, Ihre eigene Sichtweise anzupassen und mehr auf die positiven Seiten der Situation zu achten.

• Oft geht es darum, Termine einzuhalten, und die Furcht, solche Termine zu verpassen, verursacht Stress. Halten Sie derartige Ängste möglichst fern, denn sie würden die Arbeitsleistung beeinträchtigen. Arbeiten Sie immer mit der Vorstellung, dass Ihre Arbeit in der vorgegebenen Zeit abgeschlossen sein wird.

• Um mit dem Stress besser fertig zu werden, nehmen Sie sich ab und zu eine halbe Minute Zeit für eine spezielle Übung, zu der mich Patanjalis Yogasutras inspiriert haben und die ich PSAUV genannt habe. Diese Übung besteht aus fünf langen Atemzügen und ist im Folgenden beschrieben.

Die PSAUV-Übung zur Stressbewältigung

PSAUV ist ein von Yoga inspiriertes Anti-Stress-Programm zur Lösung von Verspannungen und vergleichbar mit dem, was wir bereits im Morgenprogramm gemacht haben. Die angeführten Fachbegriffe entsprechen den fünf Pranayama-Übungen in den Yogasutras von Patanjali; das Programm hier ist jedoch nicht für Yoga bestimmt.

P steht für Prana, S für Samana, A für Apana, U für Udana und V für Vyana. Die Übung mit den fünf Atemzügen dauert ungefähr eine halbe Minute.

1. Prana: Konzentrieren Sie sich auf das Nervengeflecht um das Herz und schicken Sie den Atem beim ersten Atemzug dorthin.

Halten Sie die Luft etwas an, atmen Sie langsam aus und warten Sie ungefähr zwei Sekunden bis zum nächsten Atemholen.

2. Samana: Konzentrieren Sie sich auf den Nabelbereich und schicken Sie den zweiten Atemzug dorthin. Halten Sie die Luft wieder etwas an, atmen Sie dann gleichmäßig aus. Warten Sie zwei Sekunden, bevor Sie wieder einatmen.

3. Apana: Konzentrieren Sie sich beim dritten Atemzug auf den Bereich zwischen Nabel und Füßen und schicken Sie die Atemluft in diese Körperregion. Halten Sie die Luft etwas an und atmen Sie dann gleichmäßig aus. Warten Sie wieder etwa zwei Sekunden, bis Sie wieder einatmen.

4. Udana: Mit dem vierten Atemzug senden Sie den Atem zum Kopfbereich und lassen ihn langsam im Kopf kreisen, bevor Sie wieder gleichmäßig ausatmen.

5. Vyana: Beim fünften Atemzug haben Sie den gesamten Körper bildlich vor sich und lassen die Luft überall zirkulieren. Sie atmen langsam ein und schicken den Atem zum Kopf, in die Schulter und in die Arme, dann in die Brust und in den Unterleib, in die Beine bis in die Füße. Atmen Sie langsam wieder aus und verharren Sie für einige Sekunden.

Jetzt können Sie sich wieder erfrischt an die Arbeit machen!

Das körperliche Gleichgewicht bewahren

Bei der Arbeit muss man immer auch auf die richtige Körperhaltung achten. Halten Sie dabei insbesondere folgende Punkte im Auge:

1. Halten Sie im Sitzen wie im Stehen das Gewicht immer gleichmäßig auf beide Körperseiten verteilt. Die Haltung im Stehen haben wir schon im vorigen Kapitel beschrieben. Gerade wenn man lange sitzen muss, ist es wichtig, das Gewicht gleichmäßig zu verteilen.

2. Wenn Sie im Büro arbeiten, achten Sie darauf, dass Sie immer gerade und nicht mit gebeugten Schultern sitzen.
3. Der Arbeitstisch sollte die für Sie richtige Höhe haben. Passen Sie die Höhe der Arbeitsfläche immer so an, dass die Wirbelsäule möglichst wenig belastet wird.
4. Machen Sie in den Arbeitspausen einige Streckübungen wie im Folgenden beschrieben.

Abb. 30

Streckübungen

1. Schultern und Ellbogen kräftig zurückstrecken *(Abb. 30)*. Zwei- oder dreimal wiederholen. Die Übung ist im Sitzen und im Stehen möglich.
2. Hände im Nacken falten und zurückstrecken *(Abb. 31)*. In dieser Haltung den Körper nach links und nach rechts wiegen *(Abb. 32)*. Auch diese Übung ist im Sitzen und im Stehen durchführbar.

Abb. 31

Abb. 32

95

Abb. 33

3. Aufrecht stehen, die Hände im Rücken falten, dann Körper und Arme nach hinten strecken *(Abb. 33)*. Den Körper wie bei Übung 2 nach links und nach rechts beugen.
4. Nach vorn beugen, die Hände falten und nach unten strecken, dabei die Knie gestreckt halten *(Abb. 34)*. Mit dem Körper nach links und rechts pendeln.

Hinweis: Machen Sie die Streck-übungen, so oft Sie wollen und Ihre Arbeit dies erlaubt. Die ersten zwei Übungen sind auch sehr gut im Zug oder Flugzeug möglich.

Abb. 34

Mittagessen

Unter ayurvedischen Gesichtspunkten sollte man immer eine warme Mahlzeit einnehmen. Verwenden Sie möglichst gutes, frisches Gemüse und Obst, denn konservierte und nach ihrer Zubereitung lange aufbewahrte Nahrungsmittel bewirken ein Vata-Ungleichgewicht. Auch das zum Kochen und Braten ver-wendete Speiseöl sollte immer qualitativ hochwertig sein.
Viele Menschen essen an ihrer Arbeitsstelle in einer Kantine zu Mittag oder nehmen eine kalte Mahlzeit mit belegten Broten ein.

Das Kantinenessen ist zwar meist warm, aber nicht immer von bester Qualität.

In Stress-Situationen eingenommene kalte Mahlzeiten können zu gesundheitlichen Problemen führen und typische Beschwerden von Vata- und Pitta-Störungen auslösen. Um dies zu vermeiden, schlage ich folgende Vorgehensweise vor:

• Wenn Sie ein Sandwich-Typ sind, so legen Sie neben den üblichen Dingen immer etwas gemischten Salat mit auf Ihr Brot; geben Sie auch ein paar Kräuter und Gewürze wie Thymian, Ajwain oder Dill hinzu. Wenn es geht, machen Sie Ihr Sandwich warm und trinken dazu etwas Warmes, am besten einen verdauungsfördernden Kräutertee aus Minze, Früchten, Thymian, Ajwain, Ingwer, Basilikum oder Kardamom. Wenn Sie keinen Kräutertee mögen, trinken Sie wenigstens eine Tasse heißes Kardamomwasser.

• Es ist wichtig, sich erst ein wenig auszuruhen und etwas zu sammeln, damit man die Anspannung von der Arbeit ablegt, bevor man anfängt zu essen. Vielleicht sagen Sie ein kleines Gebet auf, wünschen sich eine gesunde und ausgeglichene Mahlzeit oder machen die PSAUV-Übung. Nach diesen Momenten der Entspannung wird Ihnen die Mahlzeit die Fülle der Natur schenken.

• Nachdem Sie gegessen haben, spülen Sie Ihren Mund unbedingt aus und nehmen zwei Kardamom. Dies fördert die Verdauung, ist jedoch auch für Hals, Stimme, Zähne und das Herz gut.

Zum Abschluss Ihres Arbeitstages machen Sie noch einmal die PSAUV-Übung und lassen alle Probleme dort, nehmen Sie sie nicht mit nach Hause. Auch wenn Sie zu Hause weiterarbeiten, führen Sie die PSAUV-Übung noch am Arbeitsplatz durch und wünschen sich, dass Sie wieder gesund an Ihren Arbeitsplatz zurückkehren.

5 Das Abendprogramm

Ausgleich für den Arbeitstag

In seiner Freizeit sollte man sich mit Dingen befassen, die ganz anders als die berufliche Arbeit sind oder sogar das Gegenteil davon. Falls Sie in Ihrem Beruf zum Beispiel viel reden und telefonieren müssen, so sollten Sie sich erst einmal einige Minuten richtig Ruhe gönnen, wenn Sie nach Hause kommen. Sie waschen Ihr Gesicht, trinken etwas Warmes, legen sich dann für 15 bis 30 Minuten hin und machen nichts – keine Musik, kein Radio und kein Fernsehen. Ihre Sinne müssen sich erst von den Vata-Aktivitäten des Arbeitstages erholen. Wer bei der Arbeit viel zu laufen hat, oft unterwegs ist oder in einer lauten Umgebung arbeitet, muss gleichermaßen erst einmal Ruhe finden.

Wer hingegen in einem ruhigen Büro arbeitet und den ganzen Tag allein vor dem Computer sitzt, der braucht abends zunächst einen längeren Spaziergang, um sich von der schweren Kapha-Energie zu befreien, die sich durch den Mangel an Bewegung aufgebaut hat.

Abendessen

Auch abends sollte unsere Mahlzeit immer warm sein und genügend Flüssigkeit enthalten, auf keinen Fall jedoch schwer. Verzichten Sie möglichst auf Fleisch, Linsen und Gerichte, die mit viel Fett zubereitet sind.

Stattdessen essen Sie eine Gemüsesuppe oder Gemüsegerichte mit sehr wenig Fett. Denken Sie daran, immer eine Reihe verschiedener Gemüsearten zuzubereiten, die zusammen eine ganzheitliche Mahlzeit ergeben. Verwenden Sie dabei auch frischen Ingwer, der eine Balance der drei Grundenergien herstellt und die Verdauung fördert, und vermeiden Sie scharfen Chilipfeffer. Benutzen Sie Curcuma (Turmeric), Kardamom, Kümmel, Koriander, Nelken, Zimt, Kalonji, Bockshornklee und Fenchel und stärken darüber hinaus das Immunsystem.

Manche essen abends recht viel und verzehren auch nach dem Abendessen noch zahlreiche andere Kleinigkeiten. Mit solchen Angewohnheiten fordert man jedoch Magenprobleme geradezu heraus. Denn falls Sie schon wieder etwas essen, wenn die vorherige Mahlzeit noch verdaut wird, ist das nicht nur für den Magen schädlich, sondern beeinträchtigt den gesamten Organismus. Unter ayurvedischen Gesichtspunkten sammelt sich nämlich, wenn dies häufiger geschieht, die nur teilweise verdaute Nahrung im Magen und er arbeitet dann nicht mehr richtig. Diese Erkrankung bezeichnet man als *Amadosha;* sie schwächt den Körper und verunreinigt das Blut. Mit der Zeit führt Amadosha ferner zu Hauterkrankungen und Allergien.

Das Abendessen sollte mindestens zwei Stunden vor dem Schlafengehen eingenommen werden und danach sollte man gar nichts mehr essen, auch keine Schokolade oder irgendeine andere süße Kleinigkeit. Es ist nicht gesund, wenn man zu Bett geht und das Essen noch nicht richtig verdaut ist. Richten Sie also das Abendessen am besten entsprechend Ihrer Bettzeit ein.

Verdauungsspaziergang

Nach dem Abendessen macht man am besten noch einen kleinen Spaziergang und bleibt nicht sitzen oder legt sich hin. Tagsüber ist das nicht so wichtig; abends aber arbeiten die Srotas, die Energiekanäle, im Körper, langsamer und Bewegung hält sie für die Verdauung offen. Außerdem kommen die meisten Menschen in der Stadt sowieso zu wenig an die frische Luft, weshalb sie oft auch so blass aussehen.

Unterhaltung

Insbesondere Alleinstehende und Paare ohne Kinder gehen abends öfters aus, besuchen Partys oder kulturelle Veranstaltungen. Dies ist eine ausgezeichnete Möglichkeit, sich von der beruflichen Arbeit zu entspannen und sich geistig zu erholen. Jedoch beobachte ich bisweilen, dass manche praktisch jeden Abend ausgehen, sehr lange aufbleiben und sich dann permanent müde und abgespannt fühlen. Das ist sehr schlecht für die Gesundheit. Jeder von uns verfügt nämlich über unterschiedlich viel Ausdauer und Stehvermögen; es ist deshalb wichtig, seine eigenen Grenzen zu kennen und das richtige Gleichgewicht zwischen Vergnügen und Gesundheit zu finden.

Schlafen

Wir alle brauchen einen ausreichend langen und guten Schlaf. Der durchschnittliche Erwachsene schläft zwischen sechs und acht Stunden täglich, geistig sehr wache Personen mögen mit weniger auskommen, doch mehr als acht Stunden sollten es

keinesfalls sein. Zu langes Schlafen beeinträchtigt Kapha, zu wenig Schlaf schädigt Vata.

Es ist wichtig, sich richtig auf das Schlafengehen vorzubereiten, besonders wenn man schlecht einschlafen kann. Schaffen Sie sich vorher eine ruhige Atmosphäre mit gedämpftem Licht, ohne Radio oder Fernsehen, nur mit meditativer, beruhigender Musik und sprechen Sie nur noch wenig und leise.

Augenpflege

Ihre Augen reinigen Sie mit ayur-vedischen oder homöopathischen Augentropfen vom Schmutz des Tages und nehmen den Stress von ihnen, indem Sie mit den Handballen sanft dagegendrücken. Sie legen die Handballen auf beide Augen und reiben sachte in alle Richtungen *(Abb. 35)*, erst mehrmals nach oben und unten, dann seitlich.

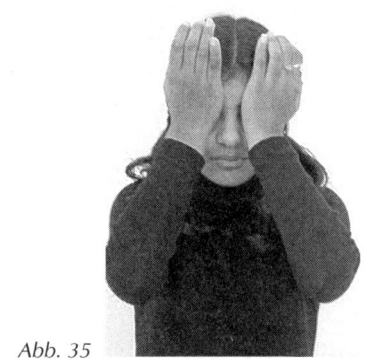

Abb. 35

Pflege des Geistes

Reinigen Sie vor dem Einschlafen auch den Geist. Den ganzen Tag über war unser Kopf immer mit anderen Leuten beschäftigt und voll von allerlei Aktivitäten, befand sich im Rajas-Zustand. Des Öfteren nehmen uns auch Gefühle von Zorn, Eifersucht oder Besorgnis ein; das ist der Tamas-Zustand. Wir bemühen uns nun vor dem Schlafen, unseren Geist von diesen Gedanken zu befreien und ihn zur Ruhe kommen zu lassen, ihn in einen Sattva-

101

Zustand zu versetzen. Dazu führen wir einige Pranayama- oder einfach die PSAUV-Übungen durch. Wir konzentrieren uns dabei auf den Mond und die Sterne, auf das Dunkel der Nacht und sprechen im Geiste etwa Folgendes vor uns hin:

»Energie der Nacht, du kommst und erfrischst uns Menschen. Ich bitte dich, gib auch mir gesunden Schlaf. Segne meine Sinne und meinen Geist mit tiefer Ruhe und gib mir einen erfrischenden Schlaf. Lass mich ruhig schlafen und morgen erfrischt und gesund erwachen. Gib mir durch meinen Schlaf neue Energie. Energie der Nacht, gib meinem Schlaf Sattva und hilf mir schlafen wie ein Yogi. Lass mich die Welt vergessen und meinen Geist ruhig und friedlich schlafen. Energie der Nacht, segne mich. Ich freue mich, dass du gekommen bist.«

Dieses kleine Nachtgebet ist den Mantras des Atharva Veda nachempfunden. Entwerfen Sie ruhig Ihren eigenen Text oder machen Sie irgendein anderes Japa (Rezitieren eines Mantras), denn das Wiederholen dient dem Zweck, unseren Geist zu beruhigen und von Gedanken zu befreien, die voll mit Rajas und Tamas sind.

6 Das Wochenprogramm

Unser Wochenprogramm umfasst die folgenden Punkte:
- Fasten
- Ölsättigungs-Selbstmassage
- Kopfmassage
- kräftige Gesichtsmassage
- heißes Bad mit ätherischen Ölen
- Sesamkörner kauen

Wöchentlicher Halbfastentag

Gemäß Ayurveda beeinträchtigt vollständiges Fasten das Vata; hungern ist deshalb nicht ratsam. Halbfasten bedeutet in diesem Zusammenhang, dass wir weniger essen und nur bestimmte Dinge zu uns nehmen. Dazu wählen wir einen bestimmten Tag der Woche aus, an dem wir uns immer nach diesem Diätplan richten.

Speiseplan am Fastentag

An diesem Tag ernähren Sie sich nur vegetarisch und essen kein Fleisch und keine Eier. Erlaubt sind Obst, Gemüse, Nüsse, Joghurt, Milch und Käse, allerdings kein Salz und keine Getreideprodukte (Reis, Gerste, Weizen, Linsen, Bohnen usw.). Es soll

eine Sattva-Nahrung sein, d. h. ohne Zwiebeln, Knoblauch, Chilipfeffer und ähnliche Gewürze.

Zum Frühstück wählen wir Obst, Joghurt, Milch, Nüsse oder
ungesalzenen Frischkäse, anderen Käse nicht, denn der enthält
immer Salz.

Wenn Sie einen körperlich anstrengenden Tag haben, essen Sie
auch zu Mittag Bananen, Papaya, ein paar Nüsse und etwas
Frischkäse.

Zum Abendessen bereiten Sie sich eine frische Gemüseplatte,
gewürzt mit Kümmel, Ajwain oder Thymian, Fenchelkörner, Ingwer und Kardamom. Dazu essen Sie Kartoffeln, aber alles ohne
Salz.

Vorteile des Fastentags

Unsere Fastendiät einmal die Woche reinigt das System und
verbessert die Selbstkontrolle. Falls wir an einem anderen Tag zu
viel gegessen haben sollten oder etwas, was dem Körper nicht
bekommen ist, so beleben wir dadurch unser Verdauungssystem
und erfrischen es wieder. Indem wir weniger essen und hauptsächlich nur Dinge mit einem hohen Flüssigkeitsanteil zu uns
nehmen, kann sich unser System von etwaigen Belastungen an
anderen Tagen der Woche erholen. Es ist ein Ruhetag für unser
Verdauungssystem.

Die Fastenübung erhöht auch unsere Selbstkontrolle, denn wir
unterziehen uns der Diät immer am selben Wochentag, egal ob
wir unterwegs an noch so appetitlich riechenden Märkten
vorbeikommen oder alle anderen um uns herum gerade unsere
Lieblingsspeisen essen. An anderen Tagen mögen Sie vielleicht
schwach werden und irgendwo schnell eine köstliche Kleinigkeit
essen, doch nicht an Ihrem Diättag, da halten Sie sich im Zaum!

Mit unserem Fasten wollen wir also die Kontrolle über unsere Sinne üben, damit wir schließlich in der Lage sind, unseren Geist in die Richtung zu lenken, die wir uns wünschen.

Schritte zwei bis sechs des Wochenprogramms

Die folgenden sechs Maßnahmen werden einmal pro Woche, spätestens alle zehn Tage nach Bedarf durchgeführt. Dies nimmt etwa drei Stunden Zeit in Anspruch und kann innerhalb einer Sitzung gemacht werden. Das Programm bringt Ihnen neue Energie und verleiht Ihrem Aussehen neuen Glanz. Manche Menschen machen keinen frischen Eindruck, ihre Gesichtsfarbe ist nicht hell und strahlend, obwohl sie eigentlich recht gut aussehen. Dies ist oftmals das Ergebnis ihrer hektischen Lebensweise, von zu viel Arbeit und Sorgen, wodurch Vata-Störungen verursacht werden, die blass und unansehnlich machen. Wenn das Vata beeinträchtigt ist, wird auch der Geist unruhig und man kann sich nur schlecht konzentrieren. Dann sind Massagen und Schwitzkuren erforderlich, die unser Vata wieder ins Gleichgewicht bringen. Die Wirkung dieser Maßnahmen auf Ihr Aussehen und Ihr Lebensgefühl werden Sie sehr schnell wahrnehmen können.

Ölsättigungs-Selbstmassage

Wie schon der Name besagt, reibt man hierbei den Körper wieder und wieder mit Öl ein, bis er keines mehr aufnehmen kann und gesättigt ist.

Wahl des Öls. Am besten verwendet man abwechselnd verschiedene Öle wie Ghee, Sesamöl oder Kokosnussöl. Man kann

105

ayurvedisches Massageöl auch selbst zubereiten, indem man Kräuterpulver in kochendes Sesamöl gibt. Bisweilen findet man auch Öl aus Aprikosenkernen; dies ist besonders gut für die Haut. In jedem Fall sollte man neben dem Öl abwechselnd auch Ghee und Kokosnussfett verwenden, damit die Haut gut genährt wird. Alle Öle und Fette sollten warm einmassiert werden, denn so dringen sie schneller und tiefer in die Haut.

Es gibt zahllose Rezepte für ayurvedisches Massageöl. Nachstehend führe ich ein einfaches an, das Sie leicht selbst zubereiten können.

Ayurvedisches Massageöl

- Fenchel   50 g
- Senfkörner   50 g
- Kressekörner   50 g
- Süßholz   50 g
- Sesamöl   1 Liter

Mahlen Sie Fenchel, Senfkörner, Kressekörner und Süßholz zu feinem Pulver. Erhitzen Sie das Sesamöl in einem Topf, der etwa fünf Liter fasst, da das Öl leicht überkocht, wenn man das Kräuterpulver hineingibt. Erhitzen Sie das Öl, bis es sehr heiß ist und zu dampfen beginnt. Nehmen Sie den Topf vom Herd, warten Sie ca. 20 Sekunden und geben Sie dann die Kräuter hinein. Anschließend bei verminderter Hitze ungefähr fünf Minuten weiterkochen lassen. Über Nacht stehen lassen und am nächsten Tag durch ein Leinentuch filtern. Alles Öl gut auswringen.

Körpermassage. Benutzen Sie für die Massage eine Matte oder alte Decke. Erhitzen Sie Öl oder Ghee in einer Schale und stellen es anschließend in ein heißes Wasserbad, sodass es für eine Weile warm bleibt. Massieren Sie das Öl sorgfältig und recht kräftig ein, damit die Haut es gut aufnimmt. Sie können das selbst machen oder sich mit Familienmitgliedern und Freunden gegenseitig massieren. Die einzelnen Schritte für die Selbstmassage einschließlich Rücken sind wie folgt:

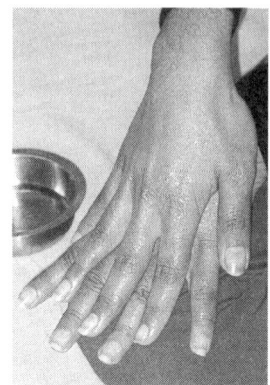

Abb. 36

1. Mit der rechten Hand den linken Arm und die linke Hand gut massieren, besonders die Gelenke. Überall mehrfach massieren und jedes Mal mehr Öl auftragen, indem man die Finger in die Schüssel mit Öl taucht und damit alle Stellen gut einschmiert *(Abb. 36).*

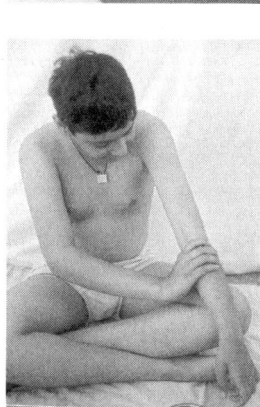

Abb. 37

2. Auf dieselbe Weise den rechten Arm und die rechte Hand mit der linken Hand einölen und massieren *(Abb. 37).*
3. Dann folgen Nacken, Ohren und die Schultern *(Abb. 38).*

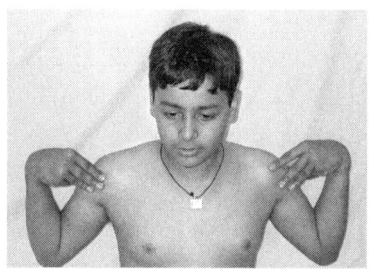

Abb. 38

107

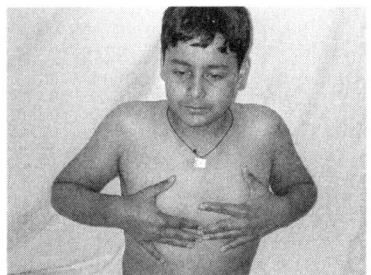

Abb. 39

4. Die Vorderseite des Oberkörpers mit beiden Händen unter starkem Druck mehrfach bestreichen, auch das Gesicht kräftig mit Öl einreiben und besonders die Schläfen gut massieren *(Abb. 39–41)*.
5. Anschließend das linke Bein vom Fuß bis zur Hüfte reichlich einölen und gut massieren, besonders die Gelenke *(Abb. 42–43)*.
6. Mit dem rechten Bein genauso verfahren.
7. Aufstehen und die Hüften gut einölen und massieren.

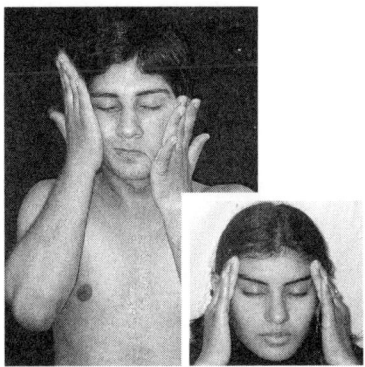

Abb. 40 und 41

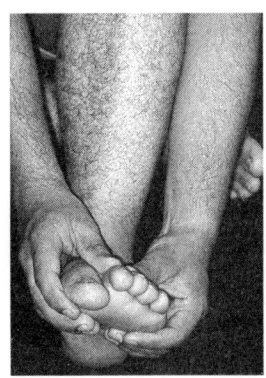

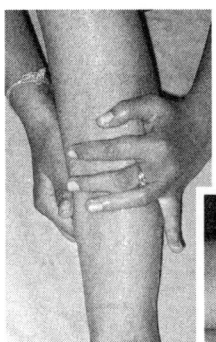

Abb. 43

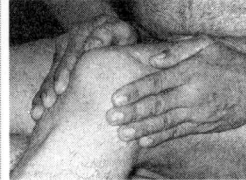

Abb. 42

8. Öl auf den Rücken geben *(Abb. 44–45)*. Wer nicht so beweglich ist, hat vielleicht etwas Schwierigkeiten damit. Deshalb legt man auf die Massagematte ein Stück Plastikfolie, beschmiert sie mit Öl und legt sich mit dem Rücken darauf. Dann macht man einen Buckel, indem die angezogenen Knie mit den Armen umfasst werden, und schaukelt mehrmals erst vor und zurück, dann seitwärts hin und her (für diese Bewegungen vgl. *Abb. 8* und *9* bei FEEP).

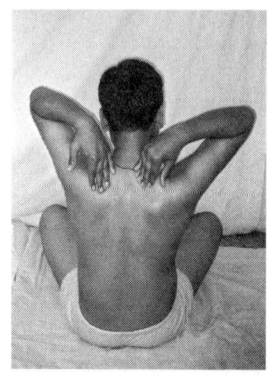

Abb. 44

Nach diesen acht Schritten ist Ihr Körper gut eingeölt und massiert. Machen Sie die Massage ein zweites Mal oder öfter, je nach Körperbefinden. Sie werden jedes Mal weniger Öl brauchen und sehen, wie der Körper sich mit Öl sättigt.

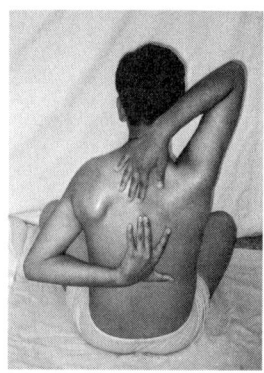

Abb. 45

Kopfmassage. Das Öl für die Kopfmassage sollte üblicherweise Pflanzenextrakte enthalten, die die Nerven beruhigen und das Haar kräftiger und schöner machen. Hierzu sind vor allem Brahmi, Bhringraj, Ratanjot, Amala und Shikakai geeignet. Ein derartiges Öl kann man zum Beispiel wie oben das ayurvedische Massageöl zubereiten und fügt lediglich noch fünf Gramm Ratanjot hinzu.

Für die Kopfmassage hat das Öl ungefähr Zimmertemperatur. Füllen Sie etwas Öl in eine Schale, verteilen Sie es mit den Fingern

109

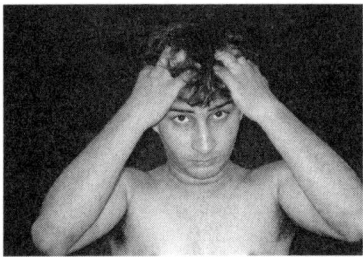

Abb. 46

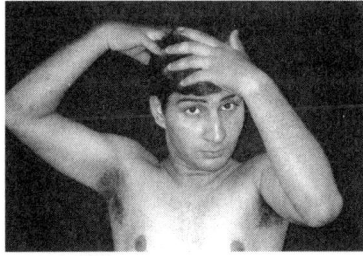

Abb. 47

an die Haarwurzeln und reiben Sie die Kopfhaut damit ein *(Abb. 46)*. Wenn die Kopfhaut gut eingeölt ist, trommeln Sie mit allen Fingern gleichzeitig auf den Kopf und massieren auf diese Weise *(Abb. 47)*.

Nach der Massage. Im Anschluss an die Kopf- und Körpermassage lassen Sie das Öl über Nacht einwirken oder waschen es am Morgen mit einem heißen Bad ab. Es ist ratsam, das Öl zumindest für einige Stunden tief in die Haut dringen zu lassen. Wenn Sie es nachts einwirken lassen wollen, dann nehmen Sie ein nasses, warmes Handtuch und wischen sich damit das restliche Öl ab. Dann kann man sich auch etwas überziehen, ohne die Sachen unnötig zu verschmutzen. Da der Kopf noch voller Öl ist, legen Sie am besten ein altes Handtuch über das Kopfkissen.

Ayurvedisches Kräuterbad

Ein Kräuterbad ist eine nasse Heißanwendung für den ganzen Körper. Man gibt verschiedene Kräuterextrakte wie Rosenwasser, einige Tropfen Anis- und Eukalyptusöl sowie Zitronella in das Badewasser. Falls Ihnen diese Öle nicht geläufig sind, können Sie

auch kommerzielle Marken wie Amritanjan, Tiger Balm oder Ähnliches verwenden. Nehmen Sie ein heißes Bad von 15 bis 30 Minuten und legen Sie sich anschließend im Bademantel eine Weile hin. Vermeiden Sie Zugluft und decken Sie sich bei kaltem Wetter gut zu.

Sesamkerne kauen

Zum Abschluss des Wochenprogramms kauen wir Sesamkerne. Dies kann zu jeder beliebigen Tageszeit gemacht werden und dient dazu, die Zähne und das Innengewebe der Zahnfleischtaschen zu kräftigen. Nehmen Sie dazu möglichst die schwarzen Sesamkerne. In Südindien wird auch bisweilen mit warmem Sesamöl gegurgelt; dies schützt ebenfalls den Mund und das Innengewebe. Die Sesamkerne kräftigten zusätzlich noch die Zähne.

Einen Teelöffel Sesamkerne in den Mund nehmen, fünf Minuten lang gut kauen und dann hinunterschlucken. Wenn Sie Sesam nicht mögen, dann einfach ausspucken.

7 Das Monatsprogramm

Unser monatliches Gesundheitsprogramm besteht aus folgenden Teilen:
- Pflege von Geist und Seele
- Pflege der körperlichen Gesundheit
- Sonderprogramm für Frauen (Menstruationspflege)

Das Monatsprogramm erfordert nicht viel Zeit; es bedarf jedoch unserer Aufmerksamkeit für die Gesundheit von Geist und Seele. Man sollte seine allgemeine Gesundheit regelmäßig überprüfen, insbesondere dann, wenn man an Energiestörungen oder leichten Erkrankungen leidet. Es ist immer besser, bei ersten Anzeichen von Schwäche und Erschöpfung sofort Gegenmaßnahmen zu ergreifen, als abzuwarten, bis sich die Krankheitsbilder verdichtet haben. Das Leben der Frau wird ohnehin vom Monatszyklus bestimmt; deshalb stellen wir auch ein speziell hierauf abgestimmtes Programm vor.

Pflege von Geist und Seele

Wir suchen uns einen festen Tag im Monat aus, den wir der regelmäßigen Pflege von Geist und Seele widmen wollen.

Dabei ist wichtig, jeden Monat denselben Tag zu nehmen und hiervon nicht abzuweichen. Dieser Tag mag ein fester Termin sein, zum Beispiel der 15. jeden Monats oder auch der jeweils erste oder letzte Montag (oder irgendein anderer Wochentag) im

Monat. Am einfachsten nimmt man den wöchentlichen Fastentag und kann so beide Programme miteinander verbinden: Der erste Fastentag im Monat ist dann auch unser monatlicher Pflegetag. Wir pflegen Geist und Seele mit Hilfe von Japa, dem fortlaufenden stillen Aufsagen eines Mantra, durch das wir störende Gedanken in unserem Kopf abschalten können, um so einen gedankenfreien Konzentrationszustand zu erreichen. Dies bedeutet keineswegs, dass man an einem Japa-Tag nicht seiner normalen Arbeit nachgehen könnte; wir behalten unser Mantra den ganzen Tag über im Hinterkopf und summen es lediglich im Geiste. Stellen Sie sich vor, Sie sind im Büro und müssen ganz schnell etwas fertig machen, dann läuft Ihr Mantra im Hinterkopf weiter. Wird Ihre Mantra-Kette dadurch unterbrochen, dass zum Beispiel ein Kollege etwas Wichtiges mit Ihnen zu besprechen hat, worauf Sie sich konzentrieren müssen und kreisen womöglich Ihre Gedanken später noch um dieses Gespräch, dann müssen Sie unbedingt reagieren und bewusst Ihr Mantra wieder aufnehmen.

Manche haben ihr eigenes Mantra entworfen oder summen still den Namen Gottes vor sich hin. Andere ziehen einen Gedanken an die Sonne vor; Sie können zum Beispiel das Wort Sonne oder das Sonnen-Mantra in Sanskrit aufsagen – *Om Suryaye Namah.* Wenn Sie morgens mit dem Mantra Ihrer Wahl beginnen, so läuft das stille Aufsagen nach einer Zeit automatisch im Hinterkopf ab, überlagert andere, störende Gedanken und hält so Ihren Kopf frei. Sie werden auch feststellen, dass die Gedanken oft ziellos in der Gegend umherschweifen; mit Japa dagegen verschaffen wir uns innere Ruhe.

Am Abend eines solchen Tages nehmen Sie sich ungefähr 20 Minuten Zeit für eine innere Einkehr, lassen die Ereignisse der letzten vier Wochen in Gedanken an sich vorüberziehen und fragen sich: War ich gut zu mir selbst, habe ich Mitgefühl gegen-

über anderen aufgebracht, bin ich mit mir zufrieden, habe ich meinen inneren Frieden bewahrt oder war ich zornig, eifersüchtig, habgierig, hatte Tamas-Gedanken?
Anhand Ihrer Antworten auf diese Fragen arbeiten Sie dann an sich. Orientieren Sie sich dabei immer an dem Grundsatz »Vergeben und Verzeihen« und zeigen Sie Liebe und Verständnis, seien Sie jedoch nicht schwach oder ängstlich. Versuchen Sie, mehr Zuversicht zu entwickeln, ihr Kommunikationsvermögen zu verbessern, sorgen Sie dafür, dass Sie nichts in sich hineinfressen, und hängen Sie nicht an Schuld- oder Zorngefühlen. Ziel unseres Monatsprogramms ist es nämlich zu lernen, unsere wahren Gefühle wahrzunehmen und nicht zu unterdrücken, denn sonst bildet sich Tamas in unserem Inneren und das führt über kurz oder lang zu körperlichen oder seelischen Erkrankungen. Die notwendige innere Ruhe zur Einkehr an diesem Tag finden wir mit Japa oder einer vergleichbaren Methode und in dieser Selbstprüfung finden wir auch wie von allein Antworten auf die Fragen, die uns bedrängen.

Körperpflege

Bei normaler Gesundheit reichen das Tagesprogramm und das Wochenprogramm zur Pflege und Vorsorge aus. Dennoch ist es wichtig, dass wir uns auch im Monatsprogramm einer Selbstbeobachtung unterziehen, denn besondere Umstände wie Reisen oder belastende Ereignisse können immer eingetreten sein. Üblicherweise ist in solchen Fällen unser Vata betroffen und es zeigen sich Symptome wie Erschöpfung, schwierige Verdauung, unruhiger Schlaf, trockener Hals oder trockene Haut. Verschwinden solche Beschwerden nicht wieder im Rahmen des Wochenprogramms nach Massagen und warmen Bädern, ist ein Fetteinlauf notwendig.

Darmeinläufe sind im Halbjahresprogramm beschrieben; im Rahmen unseres Monatsprogramms wird ein Fetteinlauf nur in außergewöhnlichen Fällen durchgeführt werden.

Es ist immer besser, wenn man sich etwaigen Beschwerden und Energiestörungen sofort annimmt, andernfalls können sich die Symptome verschlimmern. Wenn Sie beispielsweise nicht schon bei ersten Anzeichen einer Vata-Störung reagieren, treten Versteifungen im Körper und allerlei Schmerzen auf. Je länger eine Störung anhält, desto schwieriger wird es, das Gleichgewicht wiederzuerlangen. Geeignete Gegenmaßnahmen bei Vata-Störungen sind Ölsättigungsmassagen, warme Bäder, ausreichende Ruhe sowie süße und fettreiche Kost.

Bei einer Pitta-Störung verspürt man oft zu viel Wärme im Körper. Vermeiden Sie dann saures, salziges oder scharfes Essen und trinken Sie bitteren Tee. Weitere Symptome einer Pitta-Störung sind aufbrechende Haut, Blasen, Herpes und Magenverstimmung.

Süßlicher Geschmack im Mund, gesteigertes Schlafbedürfnis und klebriger Stuhl sind Symptome einer Kapha-Störung. Zur Abhilfe betreiben Sie Gymnastik, machen heiße Anwendungen wie Dampfbäder und essen scharfe und saure Kost.

Zwar soll derartigen Störungen unverzüglich begegnet werden, ich führe sie jedoch hier im Monatsprogramm nochmals an, weil es eine gute Gelegenheit ist, entsprechende Maßnahmen nachzuholen, falls Sie in Ihrem täglichen Leben keine Zeit dafür gefunden haben. Je älter man ist, desto aufmerksamer müssen wir gegenüber dem Auftreten von Vikriti sein und desto sorgfältiger dagegen vorgehen. In jungen Jahren, etwa zwischen 17 und 45 Jahren, kann der Körper eine Menge aushalten, da sein Ojas (Lebenskraft und Widerstandsfähigkeit) sehr hoch ist und er sich viel leichter und schneller von einem Vikriti-Zustand erholen kann als später. Mit zunehmenden Alter lernen wir, dass wir uns

mehr um unsere Gesundheit kümmern müssen und besonders auf jegliche Beeinträchtigung unseres Gesundheitszustands zu achten haben. Lassen wir dem Vikriti seinen Lauf, so kommen allmählich weitere Beschwerden hinzu, die sich zu schweren Erkrankungen oder chronischen Leiden auswachsen können, wenn wir sie unbehandelt lassen. Die monatliche Zuwendung zu Körper und Geist ist deshalb äußerst wichtig für den Erhalt unserer Gesundheit.

Menstruation

Die Beobachtung der Menstruation geht über das eigentliche Monatsprogramm hinaus, da sie nicht nur an einem Tag im Monat durchgeführt wird, sondern den gesamten Zyklus betrifft.

Solange eine Frau gebärfähig ist, wird ihr Leben von ihrem Menstruationszyklus bestimmt. In der Menstruation befreit sich der Körper von Störungen und stabilisiert so sein Gleichgewicht. Ist die Frau gesund, zeigen sich in Menstruationsbeschwerden Ungleichgewichte oder Stress, die sie an anderen Tagen des Monats belastet haben. Die genauen Zusammenhänge habe ich in meinem Buch *Kamasutra für Frauen* eingehend dargestellt. Es ist wichtig, dass Frauen ihre Menstruation genau beobachten, um mehr über sich zu erfahren. Stress und Hektik führen leicht zu einer beschwerlichen Menstruation; können Sie dagegen Ihren Tagesablauf geregelt und normal gestalten, so wird auch die Menstruation ohne größere Beschwerden sein. Sollte Ihnen die Menstruation ständig Probleme bereiten, dann brauchen Sie eine spezielle Behandlung. Anhand folgender diagnostischer Hinweise können Sie den Zustand Ihres Körpers genau bestimmen:

• Dunkelbraunes Blut, wenig Blut oder beides zeigen eine Vata-Störung an.
• Sehr viel Blut bedeutet eine Pitta-Störung (soweit keine gynäkologische Funktionsstörung vorliegt).
• Rosa Blut mit viel Schleim ist das Symptom einer Kapha-Störung.

Achten Sie kurz vor und während der Menstruation besonders auf folgende Anzeichen:
• Verdauungsprobleme vor der Menstruation zeigen eine Vata-Störung an; hält diese bis zum Menstruationsbeginn an, kann es zu Schmerzen kommen.
• Leichter Durchfall bedeutet, der Körper versucht auf diese Weise, sich einer Pitta-Störung zu entledigen.
• Übelkeit und Erbrechen zeugen von einer Kapha-Störung. Durch Erbrechen versucht unser System, sich von der Störung zu befreien.

Dagegen können folgende Maßnahmen ergriffen werden:
• Bei schwieriger Verdauung essen Sie warme Suppen oder dergleichen, machen Gymnastik und trinken morgens heißes Wasser zur besseren Darmentleerung.
• Gegen Durchfall oder Erbrechen nehmen Sie gar keine Medizin; beides ist lediglich Teil der Selbstreinigung des Körpers. Sie sollten bei diesen Symptomen allerdings beachten, dass sich die Störung im Laufe des Monats aufgebaut hat und deshalb andere Maßnahmen erforderlich sind, um Ihr Gleichgewicht wieder zu stabilisieren. Dies geschieht am besten mit spezieller Diät, Yoga und entsprechender Anpassung in der Lebensweise wie im Rahmen der Tages- und Wochenprogramme vorgeschlagen.

Hinweis: Sollten Ihre Beschwerden schwerwiegender sein als durch Energieungleichgewichte hervorgerufene, müssen diese fachgerecht behandelt werden. Es hat allerdings den Anschein,

117

als gebe es in der modernen Medizin nicht genügend Hilfe für Frauen mit Menstruationsproblemen. Für gewöhnlich werden Hormone verschrieben. Auf der anderen Seite bieten Ayurveda und die Homöopathie zahlreiche Mittel, die Frauen mit Menstruationsproblemen und in der Menopause helfen können.

8 Das halbjährliche Reinigungs- programm

Für ihr Aussehen, ihr Haus, das Auto und den Garten geben die meisten Menschen recht viel Geld aus und denken oft weniger daran, mit derselben Sorgfalt und demselben Aufwand auch Körper und Geist zu pflegen und gesund zu halten. Die Wohnung wird renoviert, die Inneneinrichtung erneuert, neue Möbel werden angeschafft und neue Vorhänge, es wird neu gestrichen – alles ist selbstverständlich. Genau diese Vorstellung von Renovierung und Erneuerung sollte man im Sinne von regenerieren, erfrischen und revitalisieren auch seinem Körper und seinem Geist zu Gute kommen lassen. Jeder, der sehr hart arbeiten muss, braucht nach einiger Zeit eine kleine Erholung und möchte in einer anderen Umgebung neu auftanken. Dann fühlt man sich oft schon nach drei oder vier Tagen bereits wieder bei neuen Kräften und gut erholt. In gleicher Weise braucht auch der Körper ab und zu eine Pause und etwas Abwechslung. Wir müssen ihn regelmäßig pflegen und mit frischen Kräften beleben. Mit unserem halbjährlichen Programm für die innere Reinigung regenerieren wir unseren Organismus, verbessern wir seine ganze Erscheinung und sorgen für mehr Abwehrkraft, größere Vitalität und lange Gesundheit.

Dass man auch die inneren Organe reinigen und pflegen muss, würde jeder unmittelbar einsehen, wenn man sie so wie die äußeren direkt sehen könnte. Jeder bringt der Hygiene für den Körper von außen selbstverständlich große Aufmerksamkeit ent-

gegen. Wenn man morgens aufsteht, dann würde niemand den Tag beginnen, ohne sich das Gesicht gewaschen, den Mund gespült oder die Zähne geputzt zu haben. Man fühlt sich einfach frischer, wenn man geduscht oder gebadet hat. In ähnlicher Weise reagiert der Körper, wenn wir ihn nicht auch innen sauber halten, ebenfalls mit Beschwerden, Schmerzen oder anderen Störungen. Denn nur bei regelmäßiger Reinigung und Pflege kann der innere Organismus auch gut arbeiten; er will auch von innen gepflegt und erfrischt sein.

Die innere Reinigung entschlackt den Körper und beseitigt Schadstoffe, die wir ab und zu aufnehmen. Solche schädlichen Stoffe – sie können zum Beispiel in Form von Infektionen, antagonistischen Nahrungsmitteln sowie chemischen Dünge- oder Unkrautmitteln und Medikamenten auftreten – müssen wir unbedingt in regelmäßigen Abständen aus unserem Körper entfernen, um gesund und vital zu bleiben. Die inneren Schadstoffe sind nicht sofort sichtbar wie äußerer Dreck, weil wir sie erst dann richtig wahrnehmen, wenn sie sich in Form körperlicher Beschwerden Ausdruck verschaffen. Das ist in etwa vergleichbar mit Schmutz und Flecken auf der Kleidung: Den Schmutz bekommen wir leicht mit Wasser und Seife ab, doch die Flecken zu entfernen, das ist nicht so einfach!

Reinigungsverfahren im Ayurveda, Yoga und in traditionellen Zeremonien

Das innere Reinigungsprogramm im Ayurveda ist das *Panchakarma* (fünf Reinigungspraktiken). Da es in unserer Zeit viele neuartige Probleme gibt – wie die vielen chemischen Schadstoffe –, habe ich noch zwei Methoden hinzugefügt, sodass wir von *Saptakarma* (sieben Reinigungspraktiken) sprechen können.

120

Neben den traditionellen Reinigungskuren im Ayurveda gibt es auch im Yoga eine Reihe vergleichbarer Methoden und darüber hinaus in traditionellen Hindu-Zeremonien verschiedene weitere Reinigungsverfahren, die aus der Einnahme bestimmter Substanzen bestehen und am einfachsten anzuwenden sind. Alle drei Arten werden im Folgenden vorgestellt, damit Sie sich die für Sie am besten geeignete aussuchen können. Die umfassendste Reinigung ist das Saptakarma, einige der einfacheren Verfahren mögen Ihnen jedoch vielleicht eher zusagen.

Der Zeitpunkt für die innere Reinigung

Das Programm für die innere Reinigung sollte zweimal im Jahr, nach dem Winter und nach dem Sommer, durchgeführt werden, denn in der kalten wie in der heißen Jahreszeit baut sich im Körper leicht ein Ungleichgewicht der drei Grundenergien auf. Das Frühjahr und den Herbst kann man also gut dafür nutzen, den Körper von Grund auf zu reinigen und alle Energieungleichgewichte zu korrigieren; der beste Zeitpunkt liegt Ende März/Anfang April und Ende September/Anfang Oktober. Interessanterweise fällt das traditionelle Navaratra-Fasten für die Reinigung von Körper und Geist ebenfalls in diese Zeit; die gesundheitlichen Erfordernisse sind also eingebettet in die zeremonielle Tradition.

Navaratra – neun Tage fasten

Navaratra bedeutet wörtlich neun heilige Nächte. Nach dem hinduistischen Mondkalender fallen sie auf die ersten neun Tage des zunehmenden Mondes in den Monaten Chaitra (ungefähr Mitte März) und Ashwin (ungefähr Mitte September). Die rituelle

Bedeutung von Navaratra liegt in der Anbetung der neun Erscheinungsformen der Göttin Shakti oder Durga (die Macht). Unter biologischen und heilkundlichen Gesichtspunkten sind derartige rituellen Fastenzeremonien insofern sinnvoll, als sie die geistigen und körperlichen Kräfte stärken und den Körper regenerieren. Die strikte Ernährungsweise reinigt den Körper und mit Sattva-Gedanken und Japa ertüchtigt man den Geist.

Wie bereits beim Wochenprogramm erwähnt, verbietet sich unter ayurvedischen Gesichtspunkten ein völliges Fasten, weil dadurch Vata geschädigt wird. Für das Navaratra empfiehlt sich deshalb ein Teilfasten mit einer dem Wochenprogramm vergleichbaren Diät, die jedoch Salz erlaubt. Die Fastenregeln für die neun Tage sind wie folgt:

• Keine Getreideprodukte wie Weizen, Gerste, Mais, Linsen, Kichererbsen oder Ähnliches essen, sondern vorwiegend Obst und Milchprodukte. Nur zwei Mahlzeiten am Tag sind erlaubt. Zum leichten Frühstück gibt es Früchte und Milch, aber keine Sojamilch, denn Soja ist auch Getreide.

• Erlaubt sind außerdem Mandeln, Kokosnuss und dergleichen sowie getrocknete Früchte wie Rosinen.

• Bei größerer körperlicher Arbeit kann man zwischendurch auch Obst und Joghurt essen.

• Die Hauptmahlzeit wird nachmittags oder abends eingenommen und besteht aus Gemüse, Kartoffeln und Käse. In Indien gibt es in der Navaratra-Zeit auch ein Ersatzprodukt für Getreidemehl, das aus verschiedenen kleinen Früchten hergestellt wird und aus dem man eine Art Crêpes machen kann.

• Keine Zwiebeln, Knoblauch oder anregende Gewürze verwenden, sondern Kümmel, Fenchel, Kardamom, Nelken, Zimt und frischen Ingwer. Mit Salz und Öl äußerst sparsam umgehen.

• Nicht zu viel saures Obst essen, lieber Bananen und Papaya.

122

An den ersten zwei oder drei Tagen mögen Sie des Öfteren Hunger verspüren und es als schwierig empfinden, andere größere Mahlzeiten essen zu sehen. Danach werden Sie und Ihr Körper sich auf die verringerte Nahrungsmenge eingestellt und an das Fasten gewöhnt haben.

Über den besonderen Diätplan hinaus sollten Sie auch versuchen, Ihre Gedankenwelt auf Sattva auszurichten, sich in dieser Zeit mehr als sonst mit Liebe, Mitgefühl oder Freundlichkeit befassen und negative Gefühle gegenüber anderen, also Gedanken wie Zorn, Eifersucht und Habgier, enger im Zaum halten. Japa, das stille Aufsagen eines Mantras, am Morgen und am Abend wird Ihnen genauso dabei helfen wie Konzentrations- und Meditationsübungen.

Nach der neuntägigen Fastenkur fühlen Sie sich wieder gesund und vital. Besonders wer sonst oft müde und abgespannt ist oder etwas zu viel Gewicht hat (Symptome einer Kapha-Störung), wird sich gut erholt zeigen.

Wer im Körper zu viel Wärme verspürt oder unter anderen Symptomen einer Pitta-Störung leidet, kann während des Fastens leichten Durchfall bekommen, wenn nämlich der Körper auf diese Weise die überschüssige Wärme abgibt und seine Balance wieder herstellt.

Menschen mit Symptomen einer Vata-Störung haben nach der Fastenzeit einen besseren Stuhlgang, ihr Körper ist wieder beweglicher und sie werden sich insgesamt ruhiger fühlen.

Nach der Fasten- und Sattva-Kur befinden sich Körper und Geist wieder im Gleichgewicht. Diese Art der Reinigung ist zwar weniger intensiv als die Yoga- und Ayurveda-Methoden, stellt jedoch eine recht einfache Alternative dar, die relativ wenig Zeit in Anspruch nimmt. Wenn Sie sich also nicht die für eines der Vollprogramme erforderliche Zeit nehmen können, sollten Sie sich zumindest alle sechs Monate dieser einfachen Fastenkur unterziehen.

Yoga-Reinigungsverfahren

Diese Übungen sind besonders für Yoga-Geübte geeignet. Wir sollten uns dabei vergegenwärtigen, dass Yoga-Geübte gewöhnlich einen besonders reinen Körper haben, da sie nach Sattva-Gesichtspunkten leben und überhaupt wenig essen. Mit den Yoga-Reinigungsübungen erhalten sie deshalb ihren Körper und Geist noch reiner als dies auf Grund der regelmäßig durchgeführten Yogasanas und Pranayamas ohnehin schon der Fall ist. Aus der Literatur über Yoga sind Hunderte verschiedener Reinigungsübungen bekannt. Nachfolgend stelle ich daraus fünf speziell ausgewählte Methoden vor, die man allein durchführen kann. Im Gegensatz zu den weiter unten erläuterten Ayurveda-Verfahren müssen sie jedoch öfter als zweimal im Jahr angewendet werden.

Jala Neti (Nasenspülung mit Wasser)

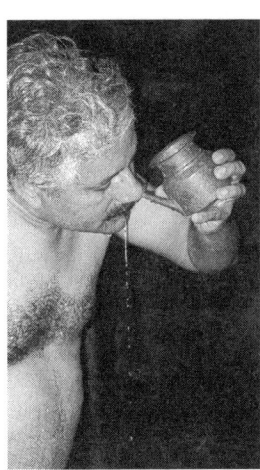

Abb. 48

Jala bedeutet Wasser, mit dem die Nasengänge gesäubert werden. Dies geschieht am besten morgens vor dem Frühstück. Hierzu nimmt man einen kleinen Neti-Topf (siehe Bild), der einen Ausgusshals besitzt und mit warmem Wasser und einer Prise Steinsalz gefüllt wird. Den Topf in der rechten Hand halten und den Kopf zunächst nach hinten neigen, dann nach links und am Schluss nach vorn. Entspannen Sie und atmen Sie dabei durch den

Mund. Führen Sie den Ausgusshals an die rechte Nasenöffnung und neigen Sie den Kopf dann etwas nach links, sodass Wasser durch das rechte Nasenloch in die linke Nasenseite fließt. *(Abb. 48)*. Das Wasser sollte gleichmäßig fließen, bis der Topf leer ist. Schnäuzen Sie dann die Nase, um den Nasengang frei zu machen. Wiederholen Sie den Vorgang, wobei das Wasser nun von der linken auf die rechte Seite fließt.

Möglicherweise kommt nach dieser Anwendung Wasser aus Augen, Nase und Mund oder etwas Schleim aus Rachen und Nase. Dies hängt davon ab, wie verstopft die Atemwege waren. Wenn die Anwendung einige Tage wiederholt wird, sind die Nasengänge wieder frei und man bekommt normal Luft.

Anfänglich sollte man diese Anwendung eine Woche lang täglich durchführen. Wenn die Nasengänge einmal richtig frei sind, reichen ein- oder zweimal die Woche. Sollten Sie in einer Gegend mit hoher Luftverschmutzung leben und des Öfteren eine Erkältung bekommen, wird eine tägliche Anwendung hilfreich sein.

Jala Dhauti (Magenreinigung mit Wasser)

Bei Jala Dhauti trinkt man morgens auf nüchternen Magen erst drei viertel bis einen Liter heißes Wasser mit einer Prise Salz und geht für ungefähr eine Minute etwas auf und ab. Dann beugt man sich in einem Winkel von zirka 45 Grad über ein Waschbecken, kitzelt den Rachen mit den Fingern und erbricht das Wasser in vier bis fünf Schwallen. Man sollte nicht mehr als acht Brechimpulse auslösen. Mit dieser Übung werden Magen, Rachen und Luftröhre gereinigt.

Beim Jala Dhauti ist die richtige Haltung sehr wichtig. Wenn man sich zu weit nach vorn beugt, so ist das schlecht für den Magen. Sollte das Waschbecken zu niedrig sein, setzt man sich auf einen

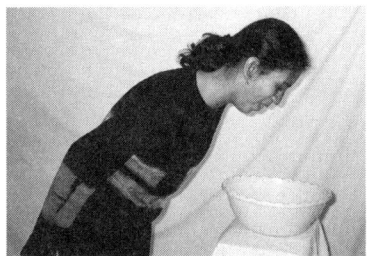

Abb. 49

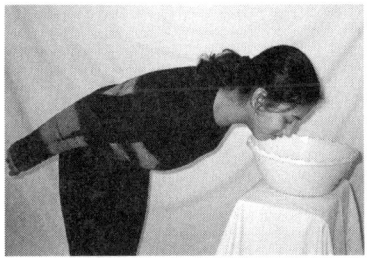

Abb. 50

Hocker davor oder man stellt eine Schüssel auf das Becken. (Siehe *Abb. 49* für korrekte und *Abb. 50* für falsche Haltung.) Bei einem völlig gesunden Magen ist der Geschmack des erbrochenen Wassers wie beim Trinken. Geht das Erbrechen nur schwer und Sie haben den Eindruck, der Körper hat die gesamte Flüssigkeit aufgesogen, dann liegt eine Vata-Störung vor. Wiederholen Sie die Übung dann am nächsten Tag und trinken noch ein Glas normales Wasser vor dem Salzwasser. Schmeckt das erbrochene Wasser bitter oder sauer, so zeigt dies eine Pitta-Störung an. In diesem Falle sollte Jala Dhauti wiederholt durchgeführt und eine leichte, ausgewogene Kost gegessen werden.

Muss man zu viel erbrechen oder kommt das Wasser schaumig bzw. schleimartig hervor, dann liegt eine Kapha-Störung vor. Auch in diesem Fall ist auf die richtige Ernährung zu achten und man sollte die Übung einige Tage wiederholen.

Erbricht man dagegen das Essen vom Vortag, so ist das ein Fall von Amadosha, der gezielt behandelt werden muss.

Im gesunden Zustand ist es zur Kontrolle ausreichend, einmal die Woche Jala Dhauti zu machen.

Liegt eine Energiestörung vor, führt man die Übung zweimal pro Woche durch und hält sich an die oben beschriebenen Maßnahmen zur Wiedererlangung der Energiebalance. Bei Amadosha macht man etwa zwei Wochen lang täglich Jala Dhauti und

ernährt sich in dieser Zeit mit einer Diät aus gegartem Gemüse mit Reis, frischem Joghurt und Papaya, Trauben, Bananen und anderem süßen Obst. Halten die Probleme danach weiter an, suchen Sie am besten einen Ayurveda-Arzt auf.

Antara Dhauti (Reinigung des Verdauungstrakts)

Mit dieser Übung reinigt man den Verdauungstrakt. Erwärmen Sie etwa drei Liter Wasser und geben Sie einen halben Teelöffel Steinsalz hinzu. Entspannen Sie sich und trinken Sie etwas Wasser. Nachdem Sie ungefähr einen halben Liter getrunken haben, machen Sie folgende Übungen:

• Stehen Sie aufrecht. Strecken Sie die Arme nach oben und falten Sie die Hände. Machen Sie mit Armen und Oberkörper Kreisbewegungen bis zur Hüfte *(Abb. 51)*, je fünf- bis siebenmal links und rechts herum. Sie fühlen, wie sich auch das Wasser im Magen bewegt. Setzen Sie sich hin, entspannen Sie sich und trinken Sie einen weiteren halben Liter.

Abb. 51

127

Abb. 52

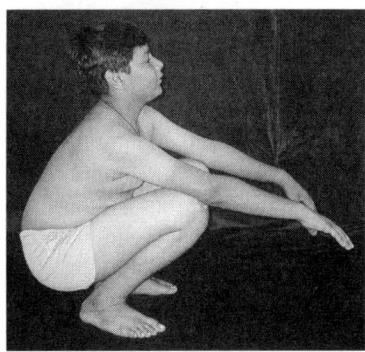

Abb. 53

• Stehen Sie anschließend wieder aufrecht. Legen Sie beide Hände an die Hüfte und bewegen Sie die Hüfte je fünfmal links und rechts herum im Kreis *(Abb. 52)*. Mit dieser Übung bewegen wir den Unterleib; Sie spüren die Wasserbewegung in den Eingeweiden.
• Entspannen Sie und trinken Sie wieder einen Viertelliter Wasser.
• Knien Sie sich nun nieder auf den Boden, setzen Sie sich auf Füße und Unterschenkel und legen Sie die Arme nach vorn mit den Ellbogen auf die Knie *(Abb. 53)*. Zu diesem Zeitpunkt werden Sie auf die Toilette gehen müssen. Sie werden mehrmals Wasser lassen und Stuhlgang haben. Trinken Sie dann einen weiteren halben Liter und setzen Sie sich danach wieder am Boden auf die Beine. Wiederholen Sie den Vorgang. Zum Schluss wird Ihr Darm ganz sauber sein und nur noch Wasser herauskommen.

Nach dem Antara Dhauti sollten Sie sich unbedingt hinlegen und ruhen. Trinken Sie etwas Kräutertee aus einem Teelöffel Fenchel, zehn Basilikumblättern (Tulsi) und vier bis fünf Kardamom auf einen Liter Wasser, der für fünf Minuten auf kleiner Flamme bedeckt gekocht wird. Zu Mittag essen Sie flüssigkeitsreiche Kost wie Brei oder Haferschleim und abends ein leichtes Reisgericht.

Vermeiden Sie in den kommenden zwei Tagen körperliche Anstrengung und Betriebsamkeit.

Diese Übung sollten Sie nur alle sechs Monate wiederholen und nur in Ausnahmefällen bei Beschwerden oder Störungen auf Anraten eines Ayurveda-Arztes oder Yoga-Experten auch öfter.

Jala Basti (Wassereinlauf)

Basti heißt Einlauf (Klistier), wobei man zwischen Yoga-Basti und Ayurveda-Basti unterscheidet. Der Name geht auf das Behältnis zurück, das man im Ayurveda ursprünglich für die Einlaufflüssigkeit verwandte: eine Tierblase, Basti in Sanskrit. Für das Yoga-Basti wird jedoch kein Gefäß verwendet.

Man setzt sich in eine Badewanne mit warmem Wasser und versucht, durch Muskelbewegungen Wasser in den After aufzunehmen. Wasser tritt ein, wenn man den Schließmuskel mehrfach an- und wieder entspannt. Machen Sie dies mit Pausen etwa eine halbe Stunde lang. Legen Sie sich anschließend im Bademantel oder Schlafanzug auf eine Matte und heben Sie die Beine abwechselnd und langsam. Vermeiden Sie Zugluft. Stehen Sie nach einigen Minuten auf und gehen Sie vorsichtig umher, bis Sie den Drang verspüren, das Wasser herauszulassen. Sie werden mehrmals auf die Toilette gehen müssen und Wasser, Stuhl und Luft ausscheiden.

Im Anschluss an Jala Basti halten Sie dieselben Ernährungs- und Ruhevorschriften ein wie beim Antara Dhauti.

Jala Basti sollte ebenfalls alle sechs Monate durchgeführt werden, aber frühestens eine Woche nach dem Antara Dhauti.

Kapalabhati (Reinigung des Kopfbereichs)

Kapalabhati ist eine sehr einfache Pranayama-Übung zur Reinigung des Kopfbereichs, die nur zwei oder drei Minuten in Anspruch nimmt. Sie dient ferner dazu, die Konzentration zu erhöhen und geistige Ruhe zu finden.

Die Übung wird im Freien, zumindest jedoch bei offenem Fenster durchgeführt. Setzen Sie sich bequem hin und atmen Sie sehr schnell, mal durch die Nase, mal durch den Mund, als seien Sie außer Atem, nachdem Sie eine Treppe hochgerannt sind oder eine anstrengende Sportübung gemacht haben. Sie ermüden dabei schnell und atmen dann für einen Moment nicht. Sie verspüren etwas Kühle am Kopfbereich und verharren einen Moment regungslos. Wiederholen wiederholen die Übung dreimal mit jeweils einer kurzen Pause dazwischen.

Wer will, kann die Übung jeden Tag machen; sie sollte jedoch mindestens einmal die Woche durchgeführt werden. Sie verbessert das Denk- und Konzentrationsvermögen, indem die Energiekanäle im Kopfbereich geöffnet werden.

Hinweis: Sollten Sie sich schwach fühlen und an Blutarmut oder Herzproblemen leiden, dann eignet sich diese Übung nicht. Ebenso sollten Sie kurz vor der Menstruation darauf verzichten, da leicht ein Schwindelgefühl auftreten kann.

Saptakarma (ayurvedisches Reinigungsverfahren)

Das Saptakarma besteht aus sieben Übungen, die halbjährlich durchzuführen sind. Hierzu ist eine besondere Vorbereitung erforderlich, das Purvakarma, und ebenso eine spezielle Pflegemaßnahme nach jeder Übung, das Pashchatkarma.

Purvakarma (Vorbehandlung) $\longleftarrow$ 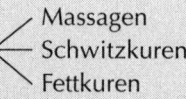 Massagen
Schwitzkuren
Fettkuren

Saptakarma (sieben Reinigungsmethoden)
1. Vamana (Erbrechen)
2. Virechana (Abführung)
3. Anuvasana Basti (Fetteinlauf)
4. Asthapana Basti (Kräutereinlauf)
5. Nasya (Reinigung des Kopfbereichs)
6. Raktashodhana (Blutreinigung)
7. Bastishodhana (Reinigung der Harnwege)

Pashchatkarma (Nachpflege)
1. Leichte, warme und flüssigkeitsreiche Kost.
2. Viel Flüssigkeit aufnehmen.
3. Ausreichend Ruhe und Schlaf.
4. Zwei Tage ohne Anstrengung und
Betriebsamkeit.

Abb. 54: Die Saptakarma-Übungen

Abb. 54 fasst alle Saptakarma-Übungen in einer Übersicht zusammen.
Damit diese Übungen auch von einer Person allein durchgeführt werden können, erläutere ich hier jeweils eine einfache, modifizierte Variante. Das klassische Nasya zum Beispiel, eine Kopfreinigungsübung, sollte nicht ohne ärztliche Unterstützung durchgeführt werden. Deshalb habe ich auf der Basis eigener Untersuchungen eine alternative Methode entwickelt, die man einfach allein anwenden kann.

Die klassischen Ayurveda-Reinigungsmaßnahmen finden nicht nur im Rahmen des halbjährlichen Reinigungsprogramms Verwendung, sondern dienen auch therapeutischen Zwecken bei der Behandlung verschiedener Erkrankungen, zum Beispiel die medizinischen Einläufe. Diese Behandlungen haben das praktische Ziel, den Körper zu entschlacken und von Schadstoffen zu befreien, die die natürliche Funktionsfähigkeit des Organismus beeinträchtigen.

Zeitplan für das Saptakarma

Die Abfolge der Maßnahmen muss genau geplant werden, damit man das Saptakarma während der Freizeit durchführen kann. Zur besseren Übersicht habe ich einen Zeitplan für sämtliche Maßnahmen des Programms zusammengestellt (siehe Seite 136 und Seite 154). Für die ersten vier Maßnahmen des Saptakarma benötigt man drei Wochenenden und für die siebte (Reinigung der Harnwege) einen ganzen Nachmittag, während die Behandlungen vier und fünf leicht an einem Abend gemacht werden können.

Purvakarma (Vorbehandlung)

Das Purvakarma beinhaltet Massagen, Schwitzkuren und Fettkuren. Ölmassagen und die Einnahme von Butterfett (Ghee) fallen unter die Kategorie des Snehan, d. h. Fettanwendungen. Bei der Massage (Abhiyanga) unterscheidet man zwei Arten – mit Öl (Snehan Abhiyanga) oder ohne Öl (Druck- oder andere Massagen ohne Öl). Beim Purvakarma wird gewöhnlich mit Snehan Abhiyanga gearbeitet, während die Druckmassage nur in Fällen von Kapha-Störungen angewendet wird.

Die **Purvakarma-Massage** entspricht der Ölsättigungsmassage im Wochenprogramm (siehe Seite 105 ff.). Sie wird im Rahmen der zehntägigen Vorbehandlung dreimal angewendet und im Anschluss erfolgt jeweils eine Schwitzkur.

Die **Schwitzkur** wird nach der Massage in trockener oder in feuchter Hitze durchgeführt.
Das Schwitzen in feuchter Hitze geschieht am einfachsten in der Badewanne. Für die trockene Hitze muss man einen kleinen Raum stark überheizen; man kann sich aber auch im Garten oder auf der Dachterrasse eine kleine Glasfaser-Pyramide bauen, die sich in der Sonne selbst aufheizt. Für die Grundfläche einer solchen Pyramide reicht bereits eine Seitenlänge von 1,2 Meter aus. Genauere Angaben finden Sie unten.

Trockenschwitzkuren. Setzen Sie sich nachmittags in die von der Sonne aufgeheizte Pyramide; wenn es im Sommer sehr heiß wird, am Vormittag. Nehmen Sie etwas zu trinken mit. Es hängt von der Veranlagung ab, wie lange es dauert, bis Sie zu schwitzen anfangen. Schwitzen Sie etwa drei bis vier Minuten lang, dann wickeln Sie sich gut in ein Badetuch, gehen in die Wohnung und schwitzen dort weiter. Achten Sie auf Zugluft. Legen Sie sich hin und ruhen Sie so lange, bis Sie wieder vollständig trocken sind.

Bau einer Pyramide für Schwitzkuren

Die Pyramide besteht aus vier dreieckigen Holzrahmen geeigneter Größe, die an der Spitze zusammenkommen *(Abb. 55)* und einschließlich der Lattenbreite folgende Größe aufweisen: Breite 72 cm; Länge 68 cm.

133

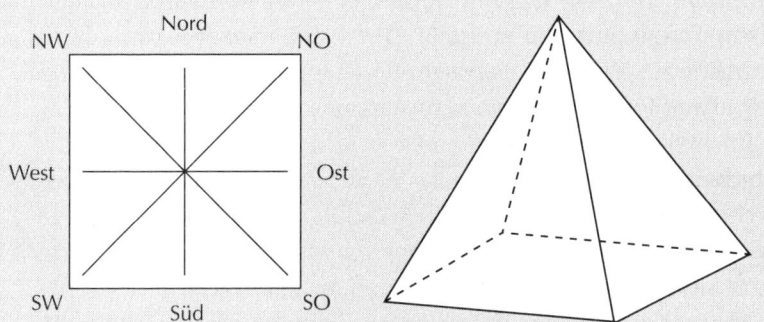

Abb. 55: Zehn verschiedene Richtungen des Kosmos (acht dargestellt) und eine Pyramide

Aus diesen Angaben können die anderen Maße abgeleitet werden. Die Rahmen werden vollständig mit Glasfaserteilen bespannt, die mit Holzstäben auf den Rahmen genagelt werden. Einer der Dreiecksrahmen erhält eine Tür.
Die Pyramide sollte mit dem Kompass so ausgerichtet werden, dass die Grundseiten in die Haupthimmelsrichtungen weisen, eine Seite der Pyramide also genau nach Süden zeigt. Der Eingang sollte auf der Ostseite, gegebenenfalls auf der Nordseite liegen.
In den alten indischen Schriften werden zehn Richtungen bezeichnet, die vier Haupthimmelsrichtungen, die vier Winkelhalbierenden dazwischen sowie oben und unten. In Sanskrit ist Nordwest Vayavya, Nordost Ishan, Südwest Naitritya und Südost Agnaiya. Die alte hinduistische Architektur oder Vastu ist nach diesen zehn Richtungen ausgelegt. Die Pyramidenform zieht die höchstmögliche Energie aus allen zehn Richtungen des Universums. Sie ist deshalb nicht nur zum Schwitzen gut, sondern auch für Heilzwecke geeignet und bringt dem Körper neue Energien.

Dampfbad. Bereiten Sie ein heißes Bad mit je einigen Tropfen Anisöl, Eukalyptusöl, Zitronella-Öl, Rosenessenzen und Zitronengrasöl zu. Wer mit ätherischen Ölen nicht vertraut ist, kann auch etwas Tiger Balm oder Amritanjan-Balsam nehmen. Sitzen Sie im heißen Bad, bis Sie anfangen zu schwitzen; bei Bedarf mehr heißes Wasser nachfüllen. Wenn Sie schwitzen, steigen Sie aus dem Bad, wickeln sich in ein Handtuch und trinken etwas Tee aus einer am besten vorher bereitgestellten Thermosflasche. Legen Sie sich dann mit einer Wärmflasche ins Bett und schwitzen Sie weiter. Bleiben Sie liegen, bis der Schweiß getrocknet ist. Schützen Sie sich sorgfältig vor Zugluft.

Hinweis: Um den Flüssigkeitsverlust durch das Schwitzen wieder auszugleichen, hinterher viel trinken und ausreichend lange ruhen. Übermäßiges Schwitzen schwächt den Körper und führt zu Erschöpfung.

Fettkur. Nach Massage und Schwitzen nimmt man an den folgenden drei Tagen vor dem Schlafengehen etwas Butterfett (Ghee) in der unten angegebenen Menge ein. Man nimmt entweder das zerlassene Fett direkt ein oder rührt es in warmer Milch mit etwas Kandiszucker an. Wer keine Milch mag, kann das Ghee auch in klare Gemüsesuppe geben.

Tag 1: drei Teelöffel
Tag 2: fünf Teelöffel
Tag 3: acht Teelöffel

Hinweis: Übergewichtige Personen oder Menschen mit Kapha-Störungen sollten keine solche Fettkur machen.

Zeitplan für das Purvakarma

Tag 1   Massage
Tag 2   Schwitzen*
Tag 5   Massage
Tag 6   Schwitzen*
Tag 7   Massage
Tag 8–10   Fettkur

* Machen Sie eine Schwitzkur trocken, die andere feucht.

Saptakarma

Wie bereits erwähnt besteht das Saptakarma aus sieben Reinigungsmaßnahmen, die sich über einen Zeitraum von vier Wochen erstrecken. Man kann sie auch in kürzerer Zeit erledigen, für Berufstätige habe ich aber den Zeitplan so gestaltet, dass die umfangreicheren Übungen alle auf ein Wochenende fallen.
Hinweis: Die Saptakarma-Maßnahmen nicht anwenden, wenn man sich schwach fühlt oder gerade eine Erkrankung überstanden hat. Auch Schwangere sollten auf das Programm verzichten.

1. Vamana (Erbrechen)

Vamana ist eine Form des absichtlichen Erbrechens und ähnelt dem bei den Yoga-Reinigungsübungen beschriebenen Jala Dhauti, ist jedoch wesentlich intensiver und wirkungsvoller. Deshalb soll man sich einem Vamana auch nur alle sechs Monate unterziehen, während Jala Dhauti jede Woche gemacht werden kann. Wichtigster Bestandteil dieser Anwendung ist eine besondere Kräutermischung, die als Tee in großen Mengen getrunken wird.

Vamana ist eine der wichtigsten Methoden zur Behandlung von Kapha-Störungen.

Vamana-Aufguss

Süßholzpulver (Mullathi)	2 EL
Wasser	1 $^1/_2$ l
Steinsalz	1 TL

Süßholzpulver in kochendes Wasser geben und bei geschlossenem Deckel etwa 15 Minuten auf geringer Hitze weiterkochen lassen. Am Schluss Salz hinzufügen und durch ein feines Sieb oder ein Seihtuch geben.

Eine besonders wirksame Vamana-Arznei ist auch Madana Phala *(Randia spinosain)*, eine den Brechreiz erregende Nuss, von der ein bis zwei Gramm eingenommen werden, wobei verschiedene Arten der Einnahme möglich sind. Ich bevorzuge die Zugabe von einem Gramm in die obige Zubereitung.

Trinken und Erbrechen. Vamana wird morgens nach dem Aufstehen durchgeführt. Zunächst das übliche Kardamomwasser trinken und zehn Minuten danach den heißen Vanama-Aufguss. Normalerweise verspürt man einen Brechreiz bereits nach drei viertel Litern. Andernfalls noch mehr trinken, weitere zehn Minuten warten und den Brechreiz durch Rachenkitzeln mit dem Finger einleiten. Darauf achten, dass Sie sich in einem Winkel von etwa 45° und nicht 90° über das Becken beugen, also keinesfalls zu tief *(vgl. Abb. 49 und 50).*

Nach dem ersten Erbrechen folgen normalerweise weitere Brechstöße. Versuchen Sie, bis zu sechs solcher Impulse zu bekommen, jedoch nicht mehr als acht.

Wirkung. Durch das Erbrechen wird der gesamte obere Verdauungstrakt gereinigt, im Wesentlichen der Magen. Je nach Verfassung gibt der Magen die getrunkene Flüssigkeit wieder in unterschiedlicher Form ab und entfernt so die vorhandenen Verunreinigungen.

Wenn Sie gesund sind und keine Störungen haben, kommt die Flüssigkeit so heraus, wie sie eingenommen wurde, ungefähr als würde man aus einem sauberen Glas wieder etwas ausschütten. Sollte Ihnen das Erbrechen schwer fallen und Sie müssen öfters aufstoßen, so liegt eine Vata-Störung vor. Wenn die erbrochene Flüssigkeit einen bitteren oder sauren Geschmack hat, weist dies auf eine Pitta-Störung hin. In diesem Falle erbricht man ähnlich wie bei verdorbenem Magen.

Ist das Erbrochene dagegen schaumig und weißlich, dann haben Sie eine Kapha-Störung.

Wer eine festere und stark riechende Flüssigkeit erbricht, leidet unter Amadosha und hatte noch unverdaute Nahrungsbestandteile im Magen. Dabei erbricht man gelegentlich auch Blut. Bei dieser Erkrankung ist der Magen oftmals verhärtet und man leidet deshalb unter Verdauungsbeschwerden. Amadosha ist mit absichtlichem Erbrechen zu kurieren, man sollte jedoch auch einen Ayurveda-Arzt konsultieren.

Vamana-Nachpflege. Im Anschluss an das Vamana sollte man ungefähr zwei Stunden ruhen und einen Tee aus Basilikum, Fenchel und Kardamom (siehe das Rezept unter Antara Dhauti Seite 128) oder nur warmes Kardamomwasser trinken. Danach kann man etwas Leichtes wie Grieß-Halwa oder Gemüsesuppe essen. Für weitere zwei Tage nur leichte Mahlzeiten einnehmen und einen ruhigen Tagesablauf planen.

Am dritten oder vierten Tag nach dem Vamana machen Sie die Ölsättigungsmassage, um sich auf die nächste Reinigungsanwen-

dung vorzubereiten. Sie essen weiterhin einfache, gesunde Kost wie Gemüsesuppe, Obstsalat sowie warme und fettreiche Hauptgerichte und verwenden dazu Curcuma, Kümmel, Fenchel, Ingwer, Dill, Koriander, Bockshornklee und andere gesundheitsfördernde Gewürze, jedoch keinen Chilipfeffer. Mit dieser Ernährungsweise und angemessener Ruhe bauen Sie Kräfte auf, bevor Sie im nächsten Schritt Abführmittel anwenden.

2. Virechana (Abführung)

Virechana, die zweite der sieben Reinigungsanwendungen, ist einfacher als das Vamana. Dabei leiten wir durch die Einnahme eines bestimmten Kräutermittels eine Abführung ein. Diese Maßnahme reinigt die Leber sowie andere Verdauungsorgane und entfernt überschüssige Hitze über den Stuhl.
Virechama ist die wichtigste Methode zur Behandlung von Pitta-Störungen.

Wahl und Dosierung des Abführmittels. In vielen Ländern sind pflanzliche Abführmittel bekannt, die bei schwieriger Verdauung eingesetzt werden. Beim Virechana kommt jedoch ein besonders wirksames Abführmittel zum Einsatz, oft eine Mischung verschiedener Pflanzen. Sanaye-Blätter *(Cassia augustifolia)* in Pulverform sind ein solches Mittel, von dem man vor dem Schlafengehen einen Teelöffel einnimmt.
Alternativ kann man auch das Fruchtfleisch der Amalta *(Cassia fistula)* verwenden. Hierzu nimmt man das Fruchtfleisch aus etwa 12–13 cm der bohnenähnlichen Stängel an den Baumblüten, die insgesamt etwa 30–60 cm Länge erreichen, und kocht es in etwas Wasser. Dann filtert man es sorgfältig durch ein Sieb und nimmt es abends vor dem Schlafengehen ein.

Wirkung. Das Abführmittel wird abends vor dem Schlafengehen eingenommen, damit es über Nacht wirken kann. Je nach Zustand kann es auch zu Magenschmerzen und Blähungen kommen, bevor die Abführung einsetzt, wobei dieser Zeitpunkt natürlich auch von Person zu Person verschieden ist. Einige verspüren schon in den frühen Morgenstunden einen starken Drang, zur Toilette zu gehen, andere werden nach dem Aufstehen erst noch etwas trinken müssen, bevor die Reaktion beginnt. Der Zeitpunkt ist dabei unerheblich, entscheidend ist vielmehr, dass dies mehrmals auftritt, bis nur noch Wasser herauskommt. Wenn die Abführung nicht richtig funktioniert und es lediglich zu ein oder zwei Darmstößen kommt, wiederholen Sie die Anwendung mit einer höheren Dosis.

Ergebnis. Abführung wirkt auf Agni, das Verdauungsfeuer im Körper, und entfernt gleichzeitig andere Störungen aus dem Darmtrakt. Manche werden kräftig Luft ablassen müssen, ein Zeichen von Vata Vikriti. Weißlicher Stuhl mit abgesondertem Schleim zeigt eine Kapha-Störung an. Bei Pitta-Störungen gibt der Körper seine überschüssige Wärme ab, und wer unter häufigen Schweißausbrüchen und ähnlichen Symptomen leidet, wird nach der Abführung Linderung verspüren.

Nach der Abführung. Dieselben Vorsichtsmaßnahmen wie beim Vamana einhalten: Ruhe und viel trinken. Die ersten zwei Tage nur sehr leichte Kost essen und am dritten bzw. vierten Tag nochmals eine Ölsättigungsmassage durchführen. Dabei auf normales, gesundes Essen umstellen, um sich auf die Einläufe vorzubereiten.

3.–4. Basti (Einlauf)

Die dritte und vierte Reinigungsanwendung besteht aus einem Einlauf; bei der ersten Variante wird eine Fettlösung (Anuvasana Basti) verwendet, bei der zweiten ein Kräuteraufguss (Asthapana Basti). Für die Reinigung des Körpers sind Einläufe von eminenter Bedeutung. Charaka sagt hierzu: »*Der Einlauf, obgleich er nur bei einem einzelnen Körperteil, dem Dickdarm, ansetzt, zieht mit seiner Kraft sämtliche Verunreinigungen heraus, von der Fußsohle bis zum Kopf, so wie die Sonne, die am Himmel steht, auf der Erde Feuchtigkeit verdampfen lässt.*« (Siddhisthanam VII, 64) Einläufe sind nicht nur als Reinigungsprozedur üblich, sondern auch als ayurvedische Therapieverfahren gebräuchlich, wobei je nach Erkrankung unterschiedliche Kräutermischungen verwendet werden. »*Einläufe sind empfehlenswert für diejenigen, die steif, verkrampft und lahm sind oder sich Verrenkungen zugezogen haben und in deren Gliedern sich gestörtes Vata bewegt. Sie sind auch angezeigt bei Blähungen im Unterleib, verklebtem Stuhl, Kolik, Appetitlosigkeit oder anderen Störungen des Magen- und Darmbereichs. Einläufe helfen auch Frauen, die auf Grund von Vata-Störungen ... nicht empfangen können.*« (Siddhisthanam I, 32–35)
Einläufe sind die wichtigste Methode zur Behandlung von Vata-Störungen.

Klistiergerät. Für den Einlauf benötigt man eine spezielle Vorrichtung, die in Apotheken und Reformhäusern erhältlich ist. Sie besteht aus einem Behälter mit einem Fassungsvermögen von etwa zwei Litern; er hat einen Abfluss-Stutzen, an dem ein Gummischlauch von ungefähr 150 cm Länge befestigt wird. Am anderen Ende des Schlauchs befindet sich ein Katheter mit einem kleinen Röhrchen und einem Hahn, der den Flüssigkeitsaustritt regelt. Mit

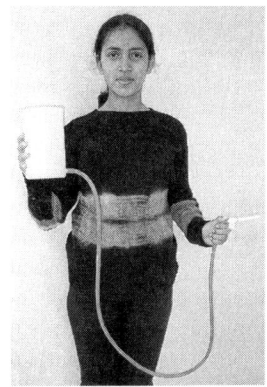

einem kleinen Haken oder Loch am oberen Rand des Behälters kann die Vorrichtung aufgehängt werden *(Abb. 56)*. Darunter platzieren Sie eine Bank oder einen Tisch zum Hinlegen.

Abb. 56

Anuvasana Basti (Fetteinlauf)

Eine Woche nach der Abführung wird ein Fetteinlauf mit einer Flüssigkeitsmenge von 250 ml gemacht.

• Milch	160 ml
• Sesamöl	30 ml oder 2 EL
• Ghee	30 ml oder 2 EL
• Honig	30 ml oder 2 EL

Die ersten drei Zutaten vermengen, etwas erwärmen und gut schlagen. Den Honig hinzugeben und gut verrühren.
Vor der Anwendung auf etwa 35° C erwärmen, aber nicht darüber. Die Temperatur mit dem Finger prüfen; sie sollte etwas höher als die Körpertemperatur sein, etwa so wie warmes Badewasser. Honig verträgt keine Hitze, deshalb darf die Mischung nicht zu stark erwärmt werden.

142

Geschieht das versehentlich doch, so schütten Sie die Mischung fort und rühren eine neue an. Zu stark erwärmter Honig erzeugt im Körper Giftstoffe.

Zeitpunkt des Einlaufs. Am besten macht man den Einlauf ungefähr zwei Stunden nach dem Frühstück oder dem Mittagessen, keinesfalls jedoch bei leerem Magen oder unmittelbar nach dem Stuhlgang.

Körperhaltung. Man sollte die richtige Körperhaltung für das Klistieren unbedingt vorher üben. Legen Sie sich auf die linke Seite, winkeln Sie das linke Bein an und strecken Sie das rechte Bein gerade *(Abb. 57)*. Atmen Sie tief und entspannen Sie sich. Stellen Sie sicher, dass Sie nirgendwo verkrampft sind und auch keine Angst haben, Flüssigkeit zur Spülung des Dickdarms einzuführen. Denken Sie einfach daran, dass dies nur ein bisschen anders ist, als sich morgens den Mund mit Wasser auszuspülen.

Einführung des Einlaufs. Geben Sie die warme Flüssigkeit in den Einlauftopf und drehen Sie den Hahn auf, damit die Luft aus dem Schlauch entweicht. Einige Tropfen herauskommen lassen, dann den Hahn wieder schließen. Einen Teelöffel Ghee oder Kokos-

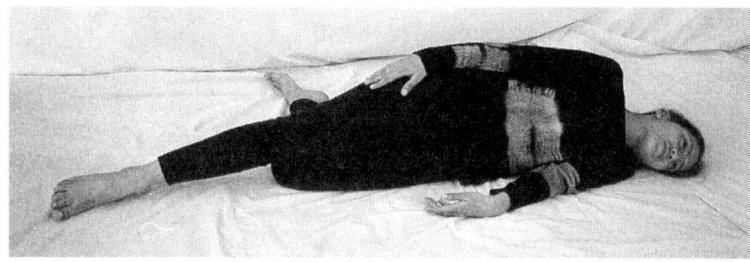

Abb. 57

143

nussöl bereithalten. Hängen Sie den Behälter in der richtigen Höhe über der Bank oder den Tisch, wo Sie sich hinlegen wollen, auf. Legen Sie sich in der oben beschriebenen Stellung hin. Tauchen Sie einen Finger in Ghee oder Öl und streichen Sie den After damit ein, um das Einsetzen des Röhrchens zu erleichtern. Führen Sie das Röhrchen in den After und öffnen Sie den Hahn. Wenn die gesamte Flüssigkeit eingelaufen ist, nehmen Sie das Röhrchen wieder heraus und bleiben in unveränderter Stellung einige Minuten liegen. Anschließend stehen Sie langsam auf und gehen für eine Minute umher. Vermeiden Sie jedoch schnelle Bewegungen. Je länger die Flüssigkeit im Darm bleibt, desto besser die Wirkung. Vergessen Sie einfach, dass etwas eingeführt wurde. Gehen Sie zur Toilette, wenn Sie einen starken Drang verspüren.

Nach dem Einlauf. Es ist durchaus möglich, dass die Flüssigkeit einen ganzen Tag lang in Ihnen bleibt. Das ist sehr gut. Wenn die Flüssigkeit nämlich zu schnell wieder herauskommt, vielleicht sogar alles auf einmal, hat sie im Dickdarm nicht ausreichend arbeiten können. In dem Fall sollten Sie es ein zweites Mal probieren. Sprechen Sie zur Entspannung ein Mantra. Wer unter einer Vata-Störung leidet, nervös ist und einen unruhigen Tagesablauf hat, kann den Einlauf oftmals nicht einbehalten. Nach den Massagen, Schwitzkuren und der Fettkur im Rahmen des Purvakarmas sind jedoch auch solche Personen gewöhnlich entspannt genug. Ein weiterer Problempunkt ist die Angst, etwas in den After einzuführen. In diesem Fall sollte man sich darüber klar werden, dass daran nichts Außergewöhnliches ist und der Einlauf lediglich eine andere Art der Reinigung darstellt.
Halten Sie sich nach dem Einlauf an die gleichen Diätvorschriften wie bei den ersten beiden Reinigungsmaßnahmen. Nach dem Einlauf benötigen Sie einen ganzen Tag Ruhe.

Kräutereinlauf

Der Kräutereinlauf sollte einen Tag nach dem Fetteinlauf vorgenommen werden. Die Vorgehensweise ist gleich, nur verwendet man hier etwa einen Liter eines besonderen Kräuteraufgusses. Für ein einjähriges Kind ist die Menge 40 ml und wird bis zum Alter von zwölf Jahren für jedes Jahr um 40 ml gesteigert. Danach erhöht sich die Dosis jährlich um 80 ml bis zum Alter von 18 Jahren. Das ergibt 960 ml für einen Erwachsenen. Ab dem Alter von 70 Jahren sollte die Dosis auf 800 ml reduziert werden.

Verschiedene Kräutereinläufe. Je nach Prakriti verwendet man andere Kräutereinläufe. Dabei werden einige Kräuter, die allgemein das Gleichgewicht fördern und für sämtliche Arten von Prakriti geeignet sind, für alle Mischungen verwendet.

Trifala-Aufguss. Er sorgt für das Gleichgewicht der drei Grundenergien. Trifala besteht zu gleichen Teilen aus den drei Früchten Amala *(Emblica officinalis)*, Harad *(Terminalia chebula)* und Baheda *(Terminalia bellirica)*. Nach Entfernen der Samenkörner werden die Früchte gewogen und zu Pulver vermahlen. Trifala ist auch in Apotheken erhältlich, man sollte jedoch das Verpackungsdatum prüfen. Kräuterprodukte halten besonders in Pulverform nicht mehr als ein Jahr, zumindest lässt danach ihre Qualität nach. Weitere Einzelheiten zu Trifala sind in Kapitel 9 aufgeführt.

In westlichen Ländern ist Trifala nicht überall erhältlich. In diesem Fall verwendet man andere Kräuter, die ähnlich gleichgewichtsfördernd sind, zum Beispiel Kamille oder Johanniskraut, zwei berühmte Pflanzen, die ebenfalls die Harmonie im Körper wieder herstellen können und in gleicher Weise für den Aufguss geeignet sind. Die Kräuter zu Pulver vermahlen und davon dieselbe Menge verwenden, wie für Trifala angegeben.

Zwei Esslöffel Trifala-Pulver in 1 ¼ Liter Wasser geben, zum Kochen bringen und bei geschlossenem Deckel auf sehr geringer Hitze etwa 15 Minuten weiterkochen. Danach weitere 15 Minuten ziehen lassen. Anschließend filtern und in der für den Einlauf erforderlichen Menge auf Badetemperatur bringen.

Vata-Mischung. Zur Behandlung von Vata-Ungleichgewicht verwendet man eines oder mehrere der folgenden Kräuter: Anis, Fenchel, Koriander, Eisenkraut, Bockshornklee (Methi) und Süßholz. Wie vorstehend beschrieben als Aufguss zubereiten.

Pitta- und Vata-Pitta-Mischung. Hierfür verwendet man eine Mischung aus Anis, Fenchel, Koriander und Süßholz in jeweils gleicher Menge. Diese Kräuter eignen sich sowohl für Vata- als auch für Pitta-Störungen.

Kapha-Mischung. Verwenden Sie hierfür Thymian oder Ajwain. Alternativ kann man auch einen Esslöffel fein gemahlene Granatapfelschale und einen Esslöffel Süßholz-, Fenchel oder Anispulver nehmen.

Kapha-Pitta-Mischung. Für den Aufguss nimmt man in diesem Fall Koriander oder eine Mischung aus Anis und Kümmel, die wie oben zu Pulver gemahlen werden.

Vata-Kapha-Mischung. Hierfür werden vier Stücke großer Kardamom zu Pulver zerrieben und 15 Minuten lang in Wasser gekocht. Alternativ nimmt man einen Esslöffel Kalonji oder eine halbe Muskatnuss.

Hinweis: Falls Sie sich nicht sicher sein sollten, welche Mischung für Sie die richtige ist, dann verwenden Sie den Trifala-Aufguss.

Anwendung des Kräutereinlaufs. Die Anwendung erfolgt wie beim Fetteinlauf (siehe Seite 143, 144), mit dem Unterschied, dass der Kräutereinlauf eine leichtere Konsistenz aufweist und das vierfache Volumen hat. Um eine gute Wirkung zu erzielen, sollten Sie ruhig und entspannt sein, d. h. in der Lage, die Flüssigkeit zu halten und nicht sofort wieder abzugeben. Ansonsten sind Vorgehensweise und Vorsichtsmaßnahmen wie beim Fetteinlauf.

5. Nasya (Reinigung des Kopfbereichs)

Nasya ist die fünfte der sieben Saptakarma-Anwendungen. Nasya bezeichnet in Sanskrit die Nasenwege, die als Pforte zum Kopfbereich betrachtet werden. Neben dem Geruchssinn sind hierdurch auch drei weitere Sinne zu erreichen: Sehen, Schmecken und Hören. Zur Reinigung des Kopfbereichs werden Arzneien traditionell durch die Nasenwege verabreicht, eine Prozedur, die Nasyakarma heißt und »Weg durch die Nase« bedeutet. Diese Maßnahme ist äußerst wichtig für die Belebung der vier Sinne und des Nervensystems; sie verbessert auch die Aufnahme von Prana. Die klassische Form des Nasyakarma im Ayurveda ist allein und ohne Hilfe eines Arztes nur schwer durchführbar. Deshalb stelle ich hier eine von mir entwickelte einfachere Methode vor, die aus der Inhalation von Kräuterdämpfen besteht. Die Wirkung dieser Anwendung ist entsprechend milder als bei der klassischen Methode; sie sollte deshalb auch öfter durchgeführt werden.

Inhalation von Ätherischen Ölen

Für diese Anwendung benötigt man zwei Dinge: ein Inhalationsgerät und ein Inhalationsöl.

Inhalationsgerät. Man kann dazu eine elektrische Gesichtsdusche oder ein ähnliches Gerät mit Thermostat, eine vorgewärmte Keramikschüssel, eine Thermosflasche mit einem Trichter oder auch einen Topf auf einer elektrischen Herdplatte verwenden.

Inhalationsöl. Wir verwenden eine Mixtur aus verschiedenen ätherischen Ölen wie Eukalyptus, Zitronella, Anis und Nelken sowie aus Mentholkristall und Kampfer. Derartige Mixturen werden häufig als Erkältungsmittel angeboten. Diese Öle bilden auch die Grundlage für kommerziellen Balsam wie Tiger Balm oder ayurvedischen Amritanjan-Balsam; solche Produkte sind daher ebenfalls gut verwendbar.

Inhalation. Im Raum, in dem die Dämpfe eingeatmet werden, darf keine Zugluft herrschen. Legen Sie ein Tuch um den Kopf, um ihn warm zu halten. Wenn Sie über einer Keramikschüssel inhalieren, decken Sie diese mit Karton ab, damit die Dämpfe nicht verloren gehen.

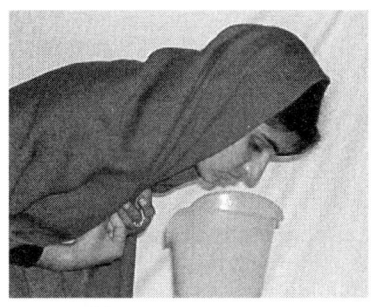

Abb. 58

Wenn Sie kochendes Wasser in Ihrem Inhalationsgerät vorbereitet haben, geben Sie einige Tropfen Inhalationsöl oder einen viertel Teelöffel eines der erwähnten Balsams hinein. Sie gehen dann mit der Nase dicht an die Dämpfe und atmen abwechselnd tief durch den Mund und die Nase *(Abb. 58)*. Halten Sie den Dampf für einige Sekunden eingeatmet wie beim Pranayama. Sie werden dann einige Male husten und spucken müs-

sen und auch die Nase zu schnäuzen haben. Verschlucken Sie auf
keinen Fall Schleim, denn den wollen wir mit der Reinigungsübung
ja gerade loswerden. Sie werden
feststellen, wie die Nasenwege allmählich frei werden und Sie die
starken Dämpfe leichter und tiefer
einatmen können.

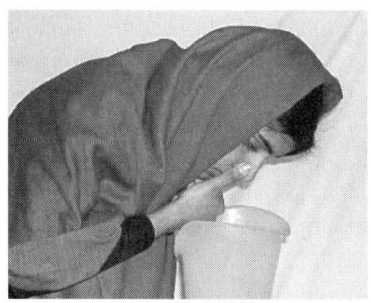

Abb. 59

Als Nächstes wird der rechte Nasengang mit einem Finger zugehal-
ten und vier- bis fünfmal durch die
linke Seite inhaliert *(Abb. 59).*
Dann die linke Seite zuhalten und
durch die rechte einatmen.

Als Drittes tief einatmen, beide
Nasengänge und den Mund zuhalten und dann versuchen, den ein-
geatmeten Dampf kräftig nach
oben zu drücken, so als wollte man

Abb. 60

ihn in den gesamten Kopfbereich
schicken *(Abb. 60).* Sie können
jetzt die Dämpfe überall spüren,
auch in den Ohren. Erst ausatmen,
wenn man die Dämpfe nicht mehr
halten kann. Vier- bis fünfmal wiederholen.

Falls Sie ein Inhalationsgerät ohne Thermostat benutzen, ist es
möglich, dass Sie für den nun folgenden Schritt heißes Wasser mit
frischem Öl nachfüllen müssen. Auch bei Thermostatgeräten
geben Sie vielleicht etwas mehr Öl hinzu, damit die Dämpfe wieder stärker werden.

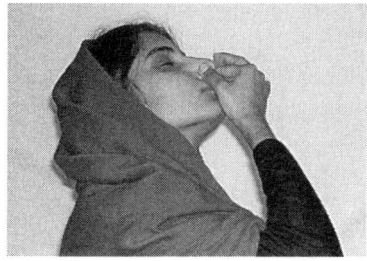

Abb. 61

Atmen Sie tief ein, schließen Sie den Mund, halten Sie die Nase zu und legen Sie den Kopf in den Nacken *(Abb. 61)*. Bewegen Sie den Kopf nach links und rechts und halten Sie die Dämpfe so lange wie möglich, bevor Sie wieder ausatmen. Ebenfalls fünfmal wiederholen.

Zeitpunkt und Häufigkeit. Die Inhalationen sollten im Rahmen des halbjährlichen Reinigungsprogramms dreimal durchgeführt werden. Dies erfordert nicht viel Zeit; am besten macht man eine Inhalation vor dem Schlafengehen an einem Wochentag, der auf ein Wochenende mit einem der vier großen Reinigungsübungen folgt.

6. Raktashodhana (Blutreinigung)

Die Blutreinigung ist die sechste der sieben Reinigungsanwendungen und besteht aus der Einnahme einer besonderen Kräutermischung, die das Blut entgiftet. Durch Energiestörungen, falsche Ernährung, Sprays mit chemischen Zusätzen und vieles andere gelangen laufend Schadstoffe ins Blut. Deshalb müssen wir unser Blut in regelmäßigen Abständen mit speziellen Kräutersubstanzen entgiften, die im Körper wirken und dafür sorgen, dass die Schadstoffe allmählich über Stuhl, Urin und Schweiß ausgeschieden werden.
Blutreinigung hilft auch bei Allergien, Hautausschlag, Pickeln, Akne, Wärmeüberschuss und Körpergeruch.

Blutreinigende Substanzen. Bestimmte Pflanzen sind in der Lage, das Blut zu reinigen; einige davon verwenden wir auch in der

150

Küche, zum Beispiel Bockshornklee (Methi), Basilikum (Tulsi), Ajwain und Bitter Gourd (Karela). Traditionell verwendet man in Indien die Neem-Frucht (Nimboli) auch als Gemüse, da sie das Blut sehr gut reinigt und nicht so bitter schmeckt wie andere Teile des Baumes. Die Frucht wächst während des Monsuns und regelmäßiger Verzehr verhindert typische Monsunkrankheiten wie Fieber (auch Malaria), Furunkulose und andere Infektionen, die durch das Wasser übertragen werden.

Im Folgenden finden Sie das Rezept für ein einfaches, ausgewogenes Blutreinigungsmittel. Blutreinigende Substanzen weisen hauptsächlich bitteres Rasa auf und müssen deshalb durch andere Rasas ausgeglichen werden, denn die Einnahme von Mitteln mit einseitig bitterem Rasa würde sonst mit der Zeit zu Vata-Störungen führen.

Blutreinigungsmittel

- Kalonji   10 g
- Kressekörner (Chansoor) 10 g
- Ajwain   10 g
- Bockshornklee (Methi)   10 g
- Cassia absus (Chaksu)   10 g
- Basilikumblätter (Tulsi) 10 g
- Neem-Blätter   10 g
- Süßholz (Mullathi)   30 g

Sämtliche Zutaten trocknen, mit einer Gewürz- oder Kaffeemühle zu Pulver mahlen, gut vermengen und durch ein feines Sieb geben. Größere Teile abermals mahlen und wieder sieben, den Rest fortschütten. Mit einem Löffel gut verrühren und fest verschlossen aufbewahren.

Einnahme. Über zwei Wochen täglich einen halben Teelöffel einnehmen und mit etwas Wasser hinunterspülen. Das Blutreinigungsmittel ist sehr bitter und wird einigen nicht gut schmecken. Hinterher kann man gegen den bitteren Geschmack im Mund etwas Süßes essen.

Wer unter zu viel Körperwärme oder Ausschlag leidet, viel schwitzt, Körpergeruch hat oder sonstige Pitta-Beschwerden aufweist, kann die Einnahme einen Monat lang fortsetzen.

Zeitpunkt. Man beginnt die Einnahme des Blutreinigungsmittels zu Anfang des Purvakarmas und führt sie für zwei Wochen fort. Während der großen Reinigungsanwendungen sollte man es für zwei Tage absetzen. Am besten nimmt man das Blutreinigungsmittel vor dem Schlafengehen ein.

Wirkung. Gelegentlich kann das Blutreinigungsmittel zu leichtem Durchfall führen. Dies ist jedoch Bestandteil des normalen Reinigungsprozesses, also kein Grund zur Besorgnis.

7. Bastishodhana (Reinigung der Harnwege)

Die letzte unserer Reinigungsmaßnahmen besteht aus der Einnahme stark harntreibender Substanzen, wodurch die Harnwege vollständig ausgespült und gereinigt werden. Hierfür benötigt man einen halben Tag.

Harntreibende Substanzen. Zahlreiche Tee- und Kräutermischungen sind für diesen Zweck einsetzbar. Eine Prise Gerstensalz (Java Kshar), mit viel Flüssigkeit eingenommen, erzielt eine hervorragende Reinigungswirkung und die in westlichen Ländern vielfach erhältlichen Blasentees sind auch gut geeignet. In Indien

kann man für diese Reinigungsmaßnahme auch einige Gläser reinen Zuckerrohrsaft trinken. Normalerweise wird dem Saft Ingwer beigegeben, um die harntreibende Wirkung abzuschwächen, für unsere Zwecke trinkt man ihn also ohne Ingwer. Mit frischem Ananassaft erzielt man ein ähnliches Ergebnis.

Einnahme. Harntreibende Substanzen nimmt man am besten eine Stunde nach dem Frühstück oder zwei Stunden nach dem Mittagessen ein. Bei Verwendung von Gerstensalz löst man ungefähr einen viertel Teelöffel des Mittels in einem Glas Trinkwasser. Nach der Einnahme weitere Flüssigkeit aufnehmen, am besten Fruchtsaft und Tee mit Anis, Fenchel, Eisenkraut, Thymian oder Ajwain. Gut geeignet ist auch leichter schwarzer Tee, Sirupsaft oder frischer Zitronensaft mit etwas Kandiszucker in Wasser gelöst. Auf jeden Fall sollte man nach der Einnahme für zwei Stunden jede Viertelstunde etwas trinken. Sie werden oft zur Toilette müssen, denn die harntreibende Wirkung des Mittels hält etwa vier Stunden an und geht dann erst allmählich zurück.

Führt man die Spülung mit Ananas- oder Zuckerrohrsaft durch, so trinkt man zunächst einen halben Liter und eine bzw. zwei Stunden danach je einen weiteren Viertelliter. Sie müssen dann oft zur Toilette gehen. Zwei Stunden später trinken Sie normales oder Kardamomwasser bzw. einen Kräutertee wie oben beschrieben.

Nach der Anwendung. Die Wirkung des harntreibenden Mittels lässt allmählich nach. Möglicherweise müssen Sie jedoch noch 24 Stunden lang öfter als sonst zur Toilette. Es ist wichtig, für weitere zwei Tage verstärkt Flüssigkeit zu sich zu nehmen und vorzugsweise Suppe oder andere warme und flüssigkeitsreiche Speisen zu essen.

Die harntreibenden Substanzen arbeiten im Flüssigkeitskreislauf unseres Körpers und sind ihrer Natur nach kalt. Man sollte sich

daher im Anschluss an die Anwendung unbedingt warm halten und keinen Reis, kalte Milch, Bananen oder andere Nahrung zu sich nehmen, die in ihren ayurvedischen Eigenschaften ebenfalls kalt ist (vgl. *Tabelle 6*). Hinterher nicht kalt duschen und keinem Zug aussetzen.

Zeitplan für das Saptakarma

Bei den einzelnen Anwendungen habe ich zwar bereits jeweils einen Zeitplan angegeben; trotzdem erscheint mir eine Gesamtübersicht der Saptakarma-Maßnahmen sinnvoll. Zwischen den verschiedenen Anwendungen sollte man genügend Zeit dafür veranschlagen, den Körper ausreichend mit Öl zu versorgen.

Der Zeitplan für das zehntägige Purvakarma ist oben (siehe Seite 136) bereits angegeben. An dieser Stelle fahren wir hier fort:

Tag 12	Vamana (Erbrechen)
Tag 15	Ölsättigungsmassage
Tag 19	Virechana (Abführung)
Tag 22	Ölsättigungsmassage
Tag 25	Fetteinlauf
Tag 26	Kräutereinlauf
Tag 32	Reinigung der Harnwege
Tag 11, 14 und 17	Inhalation
Tag 28 bis 42	Blutreinigung

Hinweis: Dieser Zeitplan ist als Vorschlag zu verstehen. Man kann ihn seiner persönlichen Terminplanung anpassen, sollte die Grundstruktur aber möglichst beibehalten.

154

Pashchatkarma (Nachpflege)

Soweit nach jeder Reinigungsanwendung besondere Pflegemaßnahmen einzuhalten sind, habe ich diese oben bereits angeführt. An dieser Stelle möchte ich näher auf die in *Abb. 54* bezeichneten Pashchatkarma-Maßnahmen eingehen.

Leichte, warme und flüssigkeitsreiche Kost. Die Reinigungsmaßnahmen ermüden den Körper und im Laufe des gesamten Programms verlieren wir viel Flüssigkeit. Das Reinigungsprogramm dient dazu, die drei Körperenergien von Grund auf zu erneuern. Nachdem wir mit einer Reinigungsanwendung Malas oder Schadstoffe aus dem Körper entfernt haben, müssen wir unsere Kräfte wieder allmählich aufbauen. Hierzu ist zunächst eine Nahrung erforderlich, die der Körper besonders leicht aufnehmen kann. Wir essen deshalb vor allem Gemüsesuppe mit Ajwain und Kümmel, Haferbrei, Grieß-Halwa, gedämpftes Gemüse und gebackene oder gekochte Kartoffeln sowie in sich ausgewogenes Gemüse wie Möhren, Kürbis, Zucchini und Steckrüben. An Gewürzen verwenden wir vorzugsweise Kümmel, Fenchel, Kardamom und Ajwain; Chilipfeffer und andere scharfe Gewürze sind zu vermeiden. Außer nach der Spülung der Harnwege ist auch einfacher, gekochter Reis zu empfehlen. Salz und Zucker sollten nur in Maßen verwendet werden, saure Sachen überhaupt nicht. Rohes Gemüse und Rohkostsalat sind nicht empfehlenswert. Papaya, Bananen, süße Äpfel und Trauben sowie Granatäpfel und ähnliche Früchte eignen sich gut für die Aufbaudiät, Obst mit saurem Rasa dagegen nicht. Insgesamt sollte man eher maßvoll essen.

Flüssigkeitsaufnahme. Im Rahmen der verschiedenen Reinigungs- und Vorbereitungsmaßnahmen verliert man relativ große Mengen an Flüssigkeit. Man muss daher in dieser Zeit besonders

viel trinken. Warmes Kardamomwasser eignet sich sehr gut dafür, denn Wasser ist ohnehin das beste Reinigungsmittel und mit Kardamom wirkt es darüber hinaus gleichgewichtsstabilisierend. Trinken Sie nichts Kohlensäurehaltiges und keine konservierten Säfte. Besonders empfehlenswert ist frisch gepresster Saft von süßen Früchten und Kräutertee mit milden Rasas.

Ausreichend Ruhe und Schlaf. Der Prozess der inneren Reinigung ist sehr ermüdend und belastet auch die inneren Organe. Deshalb braucht man im Anschluss an das Reinigungsprogramm eine besonders ruhige und friedliche Atmosphäre, in der man sich viel Ruhe gönnen sollte. Nach einem Einlauf zum Beispiel muss man einige Stunden ruhen, denn die Flüssigkeit kann möglicherweise Stunden später plötzlich ausfließen. Um sich von der inneren Reinigung richtig zu erholen, brauchen Sie auch ausreichend Schlaf und sollten nicht zu spät ins Bett gehen. Dies ist die Zeit, Ihre Energien wieder richtig aufzufrischen; gönnen Sie also Körper und Geist so viel Ruhe wie möglich.

Zwei Tage ohne Anstrengung und Betriebsamkeit. Nach einer Reinigungsanwendung sollten Sie für mindestens zwei Tage nichts Schweres tragen, nicht schnell laufen und keine Betriebsamkeit entfalten. Machen Sie mehrmals täglich die PSAUV-Übung zur Vorbeugung gegen Stress (siehe Seite 93 f.). Denn wenn wir uns unter Stress setzen lassen, versteifen sich auch unsere inneren Organe, was wir unbedingt vermeiden müssen. Konzentrieren Sie sich also und lassen Sie los. Mit diesen Vorsichtsmaßnahmen werden Sie größten Nutzen aus dem Reinigungsprogramm ziehen können.

9 Heilmaßnahmen, Arzneien und Rasayanas

In diesem Kapitel behandeln wir drei Themenbereiche: Zunächst machen wir uns mit den Maßnahmen vertraut, die erforderlich sind, um vom Zustand des Vikriti zum Prakriti zurückzufinden; als Zweites lernen wir Mittel zur Behandlung von verbreiteten leichten Erkrankungen und Alltagsbeschwerden kennen und schließlich schauen wir uns Rasayana-Rezepte an. Gesundheitsfördernde Rasayana-Substanzen sollten regelmäßig eingenommen werden, damit unser Ojas (Abwehrkraft und Vitalität) hoch bleibt. Rasayanas verbessern die Lebensqualität, indem sie es ermöglichen, unser optimales Energieniveau zu erreichen; außerdem stärken sie das Immunsystem und wirken so krankheitsvorbeugend.

Maßnahmen gegen Vikriti

Wir haben bereits verschiedene Methoden zur Bestimmung unseres Prakriti kennen gelernt und können deshalb zwischen Wohlbefinden und Unwohlsein (Vikriti) unterscheiden. Die Ayurveda-Heilkunde zielt darauf ab, durch Förderung der Heilkräfte der Natur zum natürlichen Gleichgewicht zurückzukehren. Wenn wir uns aus irgendeinem Grunde unwohl fühlen, uns also im Vikriti befinden, dann müssen wir entsprechende Gegenmaß-

nahmen ergreifen, um wieder zum Prakriti (Grundkonstitution) zu gelangen. Im vorigen Kapitel haben wir gelernt, mit welchen Reinigungsanwendungen man derartigen Energiestörungen am besten begegnet: Darmeinläufe gegen Vata-Störungen, Abführungen bei übermäßigem Pitta und Erbrechen im Falle von gestörtem Kapha. Mit diesen Maßnahmen beheben wir die Ursache der jeweiligen Störungen an der Wurzel und wenn wir regelmäßig alle sechs Monate ein Saptakarma-Programm durchführen, so beseitigen wir damit auch alle Störungen, die sich möglicherweise gerade im Körper aufbauen.

Es ist wichtig, die erforderlichen Behandlungsmethoden genau zu kennen, wenn wir feststellen sollten, dass wir uns vom Prakriti fort- und auf ein Vikriti zubewegen. Um möglichst schnell zum Prakriti zurückzugelangen, müssen wir dann auf verschiedenen Ebenen gleichzeitig ansetzen: Ernährung, pflanzliche Arzneien, Yoga, Sattva-geleitetes Denken, Ruhen usw. Auf diese Weise helfen wir der Natur, uns unsere gewohnte Kraft und Lebendigkeit zurückzugeben, damit wir wieder in gesunder Harmonie leben können.

Unsere bestimmenden Energien können sehr leicht durch Witterungseinflüsse beeinträchtigt werden. Wenn Sie zum Beispiel von einer Störung Ihres Vata betroffen sind, wird windiges Wetter Ihren Zustand noch mehr beeinträchtigen. Reisen in ungewohnter Umgebung, gehetzte Bewegung, eine hektische Lebensweise, trockene oder kalte Mahlzeiten und konservierte oder vorgekochte Lebensmittel (Basa) sind sämtlich Faktoren, die Vata negativ beeinflussen und zu Symptomen wie schwierige Verdauung, trockener Hals, steife Glieder oder auch unruhiger Schlaf führen können.

Maßnahmen bei Vata Vikriti. Zunächst muss man die Umstände untersuchen, die zu einem Vata-Ungleichgewicht geführt haben

könnten, insbesondere dann, wenn eine solche Störung wieder-holt auftritt. Manche Menschen zum Beispiel werden hiervon betroffen, wenn sie etwas Bestimmtes gegessen haben, etwa Linsen, Bohnen, überreife Erbsen oder Hefebrot. Solche Einzel-faktoren, die regelmäßig zu Vikriti führen, sind dann unbedingt zu vermeiden. Darüber hinaus ergreifen Sie bei gestörtem Vata folgende Maßnahmen:

• Warmes Wasser trinken.
• Ölsättigungsmassage mit warmem Öl (siehe Seite 105 ff.).
• Heiße Bäder, warme Umschläge und angemessene Ruhe.
• Warme Mahlzeiten und fettreiche Nahrungsmittel mit süßen und sauren Rasas; scharfe, zusammenziehende und bittere Sub-stanzen vermeiden.
• Nur warme Mahlzeiten und Getränke zu sich nehmen, kaltes Essen und Trinken dagegen vermeiden.
• Empfehlenswert sind Milch, Bananen, Papaya, Zitrusfrüchte, Möhren, Steckrüben, Kümmel, Bockshornklee (Methi), Kalonji, Fenchel, Dill, Kardamom und Ingwer.
• Machen Sie sich folgenden Basilikum-Süßholz-Tee: Vier bis fünf Basilikumblätter und einen halben Teelöffel Süßholzpulver in $^1/_2$ l Wasser geben, aufkochen lassen und bedeckt fünf Minuten bei geringer Hitze leicht kochen lassen. Platte ausschalten, einige Minu-ten auf der Herdplatte ziehen lassen und durch ein Teesieb geben.
• Gegen Gliederschmerzen und steife Arme und Beine bei Vata-Störungen auf Grund von kaltem Wetter nimmt man Kardamom-Basilikum-Tee: Sechs bis sieben gemahlene Kardamom und sie-ben bis acht Basilikumblätter in $^1/_2$ l Wasser für fünf Minuten bei geringer Hitze bedeckt kochen lassen und nach Wunsch mit Kandiszucker süßen (für zwei Anwendungen).
• Geht die Vata-Störung einher mit Müdigkeit und Mattigkeit, nimmt man Kardamom-Nelken-Zimt-Tee: Ein gemahlener großer

Kardamom, drei Gewürznelken und ein Stückchen Zimt in 1/2 l Wasser bei geringer Hitze etwa fünf Minuten bedeckt leicht kochen lassen und nach Wunsch mit Kandiszucker süßen. Fügt man noch schwarzen Tee und Milch hinzu, haben wir normalen Tee (Chai) (nicht für Menschen mit hohem Blutdruck).

• Ajwain- oder Thymiantee ist ebenfalls zu empfehlen: $^1/_2$ TL in $^1/_2$ l Wasser zubereiten wie oben.

• Eine gute Teemischung bei Problemen mit Vata ist auch Ingwer, Basilikum und Kardamom: Für $^1/_2$ l Tee etwa drei ccm Ingwer (gestoßen), fünf Basilikumblätter und drei Kardamom zubereiten wie oben. Statt frischem Ingwer kann auch $^1/_2$ TL Ingwerpulver genommen werden.

Geben Sie etwas Kandiszucker hinzu, er mildert den scharfen Ingwer-Geschmack.

• Zur Behandlung von Vata-Störungen eignet sich auch Ghee mit Knoblauch. Man nimmt täglich $^1/_4$ TL Ghee mit einer gestoßenen Knoblauchzehe ein; danach nichts Kaltes trinken.

• Man kann auch folgende Kräutermischung verwenden: Je einen TL gemahlenen Kalonji und Kümmel mit zwei TL Kandiszucker in sechs Portionen aufteilen und dreimal täglich über zwei Tage einnehmen. Bei Bedarf wiederholen.

• Treten starke Vata-Störungen häufiger auf, ist Chaturbeej Churan (Viersamenpulver) empfehlenswert: Bockshornklee-, Ajwain-, Kresse-* und Kalonji-Körner zu Pulver stoßen, zu gleichen Teilen vermengen und drei- bis viermal täglich $^1/_2$ TL einnehmen. Machen Sie dies vierzehn Tage lang.

---

* Kressesamen sind überall leicht erhältlich; fragen Sie nach Gartenkresse-Samen. In Europa verwendet man Kresseblätter in Salaten; in Indien wird Kresse als Pferdefutter angebaut. In Indien gebräuchliche Bezeichnungen für Kresse sind Chandashoor (Sanskrit), Chansoor und Halim (Nordindien), in Südindien Alivirai (Tamil), Adeli (Telegu) und Allibeej (Kanara).

Maßnahmen bei Pitta Vikriti. Anzeichen von überhöhtem Pitta sind Wärmeüberschuss im Körper, Hautausschlag, Herpes, Pickel oder Magenverstimmung, saurer Geschmack im Mund, Heißhunger, übergroßer Durst, übermäßiges Schwitzen, gelber Urin, Körpergeruch und auch Wutgefühle. Das Auftreten eines oder mehrerer dieser Symptome weist auf eine Pitta-Störung hin. Vermeiden Sie dann alles, was Pitta fördert. Trinken Sie keine alkoholischen Getränke und essen Sie nur einfache, sparsam gewürzte Speisen ohne viel Salz; Chilipfeffer, Pfeffer und alles, was scharf und beißend schmeckt, sollte gemieden werden. Halten Sie sich im Sommer nicht lange in der prallen Sonne und der Mittagshitze auf. Kurzum, schalten Sie alle Faktoren aus, die dem Körper mehr Hitze zuführen. Darüber hinaus ergreifen Sie bei gestörtem Pitta folgende Maßnahmen:

• Viel Wasser trinken sowie kalte Milch und kühlende Säfte aus Brahmi- oder Sandelholz-Sirup.
• Kalte Bäder nehmen und den Körper mit Sandelholzpaste, Ghee, Kokosnussöl oder anderen kühlenden Mitteln einreiben. Bekommt man an einer bestimmten Stelle ein brennendes Gefühl, dort direkt Sandelholzpaste auftragen.
• Schlammpackungen mit Gelberde oder der in Apotheken und Reformhäusern erhältlichen Heilerde, in Indien auch »Multani Mitti« genannt, machen. Das Material in Wasser zu dünnem Schlamm verrühren und auf den Körper reiben. Ungefähr eine halbe Stunde einwirken lassen, dann abwaschen. Diese Anwendung macht auch die Haut zart und glänzend.
• Vorwiegend Kost mit süßen, bitteren und zusammenziehenden Rasas verzehren. Sehr zu empfehlen sind Reis, Masur-Dal, Spinat, Möhren, Kohl, Kürbis, Zucchini, Auberginen, Bitter Gourd, Datteln, Bananen, süße Äpfel und Trauben, Papaya, kalte Milch, Ghee, Frischkäse (Paneer), Fenchel, Gewürznelken, Koriander und Süßholz.

161

- Kräutertee aus Wermutkraut, Neem, Koriander oder Süßholz. Diese extrem bitteren Substanzen sollten Sie jedoch nur sehr maßvoll verwenden. Am besten mischt man für den Tee einige Blätter Neem oder Wermutkraut mit etwas Ajwain, denn ausschließlich bitteres Rasa mag zwar das erhöhte Pitta korrigieren, könnte gleichzeitig aber Vata beeinträchtigen. Das Gleichgewicht in Arzneien ist ein ganz wichtiger Grundsatz der ayurvedischen Heilmittelkunde.
- Suppe aus Masur-Dal mit etwas Ghee ist eine wirksame Diätmaßnahme bei gestörtem Pitta.

Masur-Dal-Suppe

• Masur Dal	100 g
• Fenchel	$1/4$ TL
• Curcuma	$1/4$ TL
• Salz	nach Geschmack
• Ghee	drei TL
• Korianderblätter (gehackt)	1 EL*

Den Dal säubern, mehrmals waschen und etwa 15 Minuten einweichen. Abtropfen lassen und in $1/2$ l kochendes Wasser geben. Gewürze und Salz hinzugeben und mit geschlossenem Deckel bei geringer Hitze etwa eine halbe Stunde kochen lassen. Gelegentlich umrühren. Wird die Suppe zu dick, Wasser nachschütten und wieder zum Kochen bringen. Vor dem Servieren gehackten Koriander und Ghee hineingeben.

---

* Sind keine Korianderblätter verfügbar, stattdessen gemahlene Korianderkörner verwenden.

162

Maßnahmen bei Kapha Vikriti. Die häufigsten Symptome von Kapha Vikriti sind ein süßer Geschmack im Mund, übermäßige Speichelbildung, schaumiger Urin, klebriger Stuhl und großes Schlafbedürfnis. Bisweilen verspürt man ein Schweregefühl im Körper und man fühlt sich schläfrig, träge und passiv.

Es ist wichtig, alle Faktoren zu vermeiden, die zu einer Kapha-Störung führen können. Keine öl- oder fettreiche und schwer verdauliche Kost verzehren. Zu wenig Bewegung beeinträchtigt Kapha weiter; man sollte daher unbedingt aktiver werden und regelmäßig Spaziergänge machen oder sich anderweitig sportlich betätigen.

Mit folgenden Maßnahmen kann man aus dem Kapha Vikriti zum natürlichen Zustand, dem Prakriti, zurückfinden:

- Verstärkt mit Ingwer, Knoblauch, Dillkörnern, Kalonji, Bockshornklee und Senfkörnern würzen.
- Immer warme Speisen essen, die frisch zubereitet sind.
- Heiße Bäder und Dampfbäder nehmen.
- Sich körperlich bewegen, viel spazieren gehen.
- Sich länger wach halten und weniger schlafen.
- Öfter ausgehen, Leute treffen und nicht träge daheim herumsitzen.
- Weniger fernsehen.
- Empfehlenswerte Nahrungsmittel sind Sojabohnen, Kartoffeln, Salatkresse, Tomaten, Blumenkohl, Pfirsiche, Pflaumen, Zitrusfrüchte und Honig. Zum Kochen kein Ghee, sondern sparsam Sesam- oder anderes Speiseöl verwenden. Keinen Zucker und keine zuckerhaltigen Produkte essen; Tee oder Kaffee mit Kandiszucker süßen.
- Jeden Tag eine Knoblauchzehe mit etwas Honig essen.
- Tee aus Ingwer, Kardamom, Pfeffer und Basilikum trinken.

Die vorstehenden Maßnahmen betreffen den jeweiligen Vikriti-Zustand der drei Grundenergien. Wie bereits erwähnt ist unsere bestimmende Grundenergie anfälliger gegenüber Störungen als die anderen Energien; diese können jedoch je nach Umgebung, Aktivitäten und unserer geistigen Verfassung ebenfalls beeinträchtigt sein. Aus diesem Grund müssen wir uns jeden Tag beobachten und eine Selbstuntersuchung vornehmen. Angenommen, Sie haben ein Vata oder Pitta Prakriti und bei den zuweilen aufgetretenen Störungen waren bislang immer diese Energien betroffen; mit einem Mal fühlen Sie sich jedoch träge und verspüren einen süßen Geschmack im Mund sowie ein Schweregefühl im Körper. Ferner bemerken Sie klebrigen Stuhl, schaumigen Urin oder starke Speichelbildung. Dies alles aber sind Symptome einer Kapha-Störung. Was mag also passiert sein? Vielleicht haben Sie an einem Wintertag kalte Milch getrunken oder zu oft Reis, Brot und zuckerhaltige Nahrung gegessen, was zu einem Kapha Vikriti geführt hat. In einem solchen Fall wären ebenfalls die oben beschriebenen Maßnahmen gegen gestörtes Kapha durchzuführen.

Übermäßiges Vikriti

Es ist möglich, dass die oben erläuterten Maßnahmen zwar eine deutliche Besserung, aber keine vollständige Korrektur bewirken und man deshalb nach einiger Zeit in ein Vikriti zurückverfällt. In diesem Fall liegt ein besonders starkes Vikriti vor, dem man mit umfangreicheren Maßnahmen wie einem Saptakarma begegnen sollte, das den gesamten Körper gründlich entschlackt, alle auftretenden Ungleichgewichte beseitigt und die Balance der Grundenergien wieder herstellt. Wie bereits erwähnt, liegt der Grund für die gründlichen Reinigungsanwendungen im Rahmen

des halbjährlichen Saptakarma-Programms darin, auf keinen Fall Disharmonie oder Vikriti zu lange im Körper bestehen zu lassen. Zuweilen mag es aus Zeitgründen nicht möglich sein, sofort die Saptakarma-Maßnahmen durchzuführen; sie sind jedoch unerlässlich, um den Prakriti-Zustand wieder zu erreichen. Vergessen Sie nie die Hauptmethoden zur Heilung der Grundenergien:

• Einlauf bei Vata-Störungen,
• Abführung bei Pitta-Störungen und
• Erbrechen bei Kapha-Störungen.

Bei sehr starkem Vikriti kann man diese Reinigungsanwendungen auch einzeln durchführen, achten Sie dann jedoch darauf, sich zuvor entsprechend darauf vorzubereiten.

Bei wiederholt auftretenden Symptomen einer Vata-Störung werden zum Beispiel Einläufe notwendig; darauf bereitet man seinen Körper mit Ölsättigungsmassagen und Schwitzkuren vor. Falls Sie unter Verdauungsproblemen leiden, so nehmen Sie zunächst als Vorbereitung auf den durchzuführenden Einlauf ein oder zwei Tage vorher leichte Abführmittel ein, weil die Einlaufflüssigkeit andernfalls die etwa im Darm verbliebenen Exkremente zurückdrängen könnte.

Bei Pitta-Störungen dagegen ist eine Abführungsmaßnahme durchzuführen. Leiden Sie zum Beispiel häufig unter Magenverstimmungen, Schweißausbruch oder Körpergeruch, so verschwinden diese Symptome nach einer Abführung oder schwächen sich zumindest deutlich ab. Bei Bedarf kann man die Anwendung nach zwei Wochen wiederholen.

Im Falle von starken Kapha-Störungen muss man Erbrechen auslösen. Treten diese Symptome häufig auf, so empfehle ich die Yoga-Übung Jala Dhauti (Seite 125 ff.) ein- oder zweimal die Woche.

Bei sämtlichen Störungen ist es für den Erhalt des Energiegleichgewichts ferner wichtig, die allgemeinen Maßregeln hinsichtlich Ernährungsweise, Ruhe und Schlaf sowie der sonstigen Gestal-

tung seines Tagesablaufs zu beachten. Gelingt es trotz dieser Bemühungen nicht, wieder in den Prakriti-Zustand zu gelangen, so sollte man einen guten Arzt aufsuchen. Denn zuweilen gehen solche wiederholten Störungen auch auf eine bestimmte Erkrankung oder Infektion zurück, gegen die sich der Körper zur Wehr setzen muss. Auf solche Fehlfunktionen oder Angriffe von außen reagiert der Organismus dann mit Symptomen wie Erschöpfung oder einem Energie-Vikriti.

Das verlorene Gleichgewicht wieder finden

Es kann auch der Fall eintreten, dass zwei oder drei Energien gleichzeitig gestört sind. In einem solchen Zustand fühlt man sich oft müde und abgespannt, hat kaum Energie. Dies mag irritierend sein, weil man eine zuverlässige Selbstdiagnose zunächst nicht aufstellen kann. In diesen Fällen sind dann besondere Maßnahmen wie die in Kapitel 8 beschriebenen Saptakarma-Anwendungen erforderlich oder aber die Einnahme besonderer Arzneien, die ebenfalls in der Lage sind, die Ursachen solcher Störungen zu beseitigen und die Harmonie im Körper wieder herzustellen. Normalerweise geht man davon aus, dass Medikamente nur die Symptome einer Krankheit bekämpfen, nicht jedoch die eigentliche Ursache beseitigen können, dass sie die Äste eines Störungsbaums abschneiden, ihn jedoch nicht an den Wurzeln fassen. Trifala hingegen ist eine bekannte Arznei, die dieses kann.

Trifala. Das Wort bedeutet »drei Früchte«. Das Mittel setzt sich zu gleichen Teilen aus den Früchten Amala *(Emblica officinalis)*, Harada *(Terminalia chebula)* und Baheda *(Terminalia bellirica)* zusammen, die nach Entfernen der großen Samenkörner getrocknet, abgewogen und zu Pulver vermahlen werden. Das Pulver

kommt durch ein feines Sieb, wird gut vermengt und ist fest verschlossen an einem kühlen Ort aufzubewahren. Die ausgesiebten Reste schüttet man fort.

Trifala ist auch fertig erhältlich, da es als eine der wichtigsten Ayurveda-Arzneien von vielen Herstellern produziert wird. Pansaris (Kräutergeschäfte) haben es ebenfalls fertig vorrätig. Wenn Sie es abgepackt kaufen, prüfen Sie auf jeden Fall das Herstelldatum; die Packung sollte nicht älter als ein halbes Jahr sein. In Delhi zeigte mir jemand einmal eine Flasche Trifala mit einem vier Jahre alten Verpackungsdatum. Nach so langer Zeit ist die Heilwirkung von pflanzlichen Mitteln nicht mehr gegeben. Pansaris, die viel an Vaidyas (Ayurveda-Ärzte) liefern, bieten gewöhnlich jedoch nur frische Produkte an. Dennoch sollte man auch fertiges Trifala erst sieben und nur das feine Pulver verwenden.

Trifala-Anwendung. Trifala ist, wie bereits erwähnt, sehr bekannt und vielleicht bestehen gerade deshalb oftmals falsche Vorstellungen darüber, wie es richtigerweise einzusetzen ist. Vielfach ist auch die Auffassung zu hören, Trifala sei lediglich ein Mittel gegen schlechte Verdauung. Deshalb wollen wir hier im Einzelnen auf die Eigenschaften von Trifala und seinen korrekten Einsatz als Arznei eingehen.

Die drei in Trifala verwendeten Pflanzen sind als besonders gesundheitsfördernd bekannt, sie sind so genannte Rasayanas. Trifala entschlackt den Körper von Grund auf und ist Bestandteil vieler Rasayana-Mittel. Auch in zahlreichen anderen ayurvedischen Arzneien findet es Verwendung, weil es sehr ausgleichend wirkt.

Da Trifala das Gleichgewicht im Körper wieder herstellt, reagiert man je nach Art der vorhandenen Störung auch anders auf die Einnahme des Mittels:

• Wollen Sie Trifala einsetzen, um die Energiebalance zurückzu-finden, gehen Sie folgendermaßen vor: In einem Porzellan- oder Glasgefäß zwei Teelöffel in heißem Wasser lösen, gut verrühren und über Nacht stehen lassen; morgens aufwärmen, filtern und als Erstes trinken.

• Zum Abnehmen in gleicher Weise verwenden.

• Zur Verbesserung der Sehkraft Trifala-Pulver mit Honig ver-mengen und zu einer pastenartigen Masse verarbeiten. An zwei bis drei Tagen abends vor dem Schlafengehen einen Teelöffel ein-nehmen; zwischendurch mehrmals verrühren.

• Zur Einnahme als Rasayana wird Trifala zu gleichen Teilen mit Honig, Ghee und Süßholz vermengt. Dieses Mittel stärkt eben-falls die Sehkraft.

Darüber hinaus kann man das wie oben beschrieben mit Honig oder Ghee versetzte Trifala auch bei Erschöpfung und Blutarmut verwenden. Trifala eignet sich ferner sehr gut während der Schwangerschaft; es fördert den Stuhlgang, verleiht neue Kräfte und bewahrt das Gleichgewicht. Schwangere nehmen täglich eine kleine Dosis, wie oben beschrieben in Wasser gelöst, ein.

Es ist nicht ratsam, Trifala als trockenes Pulver einzunehmen. Auch in Tablettenform, wie es seit einigen Jahren angeboten wird, mag Trifala zwar praktisch erscheinen, ist jedoch nicht sonderlich wirksam. Einige nehmen denn auch das Pulver einfach mit dem Löffel ein und spülen es mit Wasser hinunter. Doch auch wenn man Trifala allgemein für die Gesundheit und das Gleichgewicht einsetzen will, sollte man es unbedingt wie oben beschrieben erst in Wasser lösen und keinesfalls trocken einnehmen.

Will man Trifala zur Gewichtsabnahme einsetzen, so nimmt man es ebenfalls in Wasser gelöst ein und richtet sich ansonsten nach den bekannten Ayurveda-Ernährungsregeln, also den Magen nie mehr als zu zwei Dritteln füllen, nicht wieder essen, bevor nicht die vorherige Mahlzeit verdaut ist, und so weiter. Die Funktion

von Trifala besteht bei dieser Anwendung darin, ein Gleichgewicht zwischen Mala (Exkrementen) und Rasa (vom Körper aufgenommene Nährstoffe) herzustellen. Mit einer adäquaten Entsorgung des Mala auf der einen Seite sowie Gleichgewicht und Harmonie der Körperenergien auf der anderen werden Sie viel leichter abnehmen können. Obwohl man weniger isst, fühlt man sich dann auf Grund der regenerierenden Kräfte des Trifala fit und gesund.

Trifala-Wirkung. Trifala ist ein regenerierender Ernährungszusatz. Wie bereits erwähnt stellt Trifala das Energiegleichgewicht wieder her und wirkt deshalb je nach der vorliegenden Störung bei jeder Person anders. Bei gesunden Menschen reinigt es das System, indem es Stuhlgang und Harnfluss verbessert.

Bei einer **Vata-Störung** bekommt man neben vermehrtem Stuhlgang bisweilen einen unruhigen Magen und muss in den ersten Tagen auch verstärkt Luft ablassen.

Bei einer **Pitta-Störung** tritt ebenfalls verstärkter Stuhlgang auf; der Stuhl ist aber dünn und wässrig. Dies bedeutet, das System gibt seinen Hitzeüberschuss ab.

Bei einer **Kapha-Störung** kann morgens nach der Einnahme von Trifala Übelkeit auftreten und ein Brechgefühl einsetzen. Dies zeigt an, dass sich der Körper von der Störung befreit und überschüssige Trägheit abgibt.

Lassen Sie sich nach der Einnahme von Trifala von solchen Symptomen nicht beunruhigen. Ich beschreibe sie hier im Einzelnen, weil viele, die über die außerordentlich positiven Eigenschaften von Trifala gelesen haben, nach der Einnahme oft über diese Wirkungen erschrocken sind. Oftmals höre ich dann von ihnen, Trifala sei für sie nicht geeignet. Nach diesen Erläuterungen aus der Ayurveda-Praxis wird jedoch schnell deutlich, dass die Ayurveda-Heilkunde die Symptome von Störungen oder Beschwer-

den eben nicht wie die konventionelle Medizin unterdrückt, sondern die Ursachen direkt an ihrer Wurzel angeht. Die eingesetzten Arzneien richten sich nach der betroffenen Körperenergie und wirken ganz gezielt auf diese ein. Trifala übt auf den Organismus eine ähnlich gleichgewichtsfördernde Wirkung aus wie die großen Saptakarma-Übungen, Erbrechen bei Kapha-Ungleichgewicht, Abführung bei Pitta-Ungleichgewicht und Einlauf bei Vata-Ungleichgewicht.

Sollten mehrere Grundenergien gestört sein, so treten über einen längeren Zeitraum unterschiedliche Symptome auf. Es ist dann ratsam, Trifala einen Monat lang zu nehmen, zumal es als Rasayana ohnehin die allgemeine Gesundheit fördert und darüber hinaus keinerlei Nebenwirkungen hat. Beabsichtigt man, Trifala regelmäßig einzusetzen, so nimmt man es über ein oder zwei Monate ein und setzt es dann für zwei Wochen ab, bevor die Einnahme fortgesetzt wird. Für die Verwendung als Rasayana wird Trifala mit anderen Substanzen vermengt (siehe dazu auch Seite 168).

Johanniskraut. Dies ist ein europäisches Pflanzenmittel zur Förderung des Energiegleichgewichts. Ähnlich wie Trifala kann es auch zur Behandlung verschiedener Beschwerden eingesetzt werden und findet in zahlreichen Mitteln der traditionellen Pflanzenheilkunde Verwendung. Verschiedentlich kritisieren Gegner der traditionellen Pflanzenheilkunde den Gebrauch eines einzelnen pflanzlichen Wirkstoffes für die Behandlung einer ganzen Reihe von unterschiedlichen Erkrankungen als unwissenschaftlich. Gemäß der Ayurveda-Heilkunde und aus ganzheitlicher Perspektive betrachtet sind jedoch viele gesundheitliche Probleme auf grundlegende Energiestörungen zurückzuführen und unsere Natur hält eben Mittel bereit, die in der Lage sind, das verlorene Energiegleichgewicht wieder herzustellen. Bei der Auf-

listung der ayurvedischen Eigenschaften verschiedener Nahrungsmittel in Kapitel 1 (siehe Seite 41 ff.) ist eine Gruppe von Produkten angeführt, die in sich ausgeglichen sind, nicht heiß oder kalt. Sie alle fördern die Harmonie der drei Grundenergien und helfen somit, die auf Grund einer Energiestörung aufgetretenen Vikriti-Symptome zu beseitigen, indem sie den Körper unterstützen, zum gesunden Prakriti-Zustand zurückzukehren. Wenn eine oder zwei Grundenergien einen Vikriti-Zustand annehmen, können – so haben wir in den vorherigen Kapiteln gelernt – uns vielerlei gesundheitliche Probleme wie Magenverstimmung, Verdauungsbeschwerden, unruhiger Schlaf, Albträume, Angst, Lustlosigkeit, Erschöpfung oder Niedergeschlagenheit zu schaffen machen. Sobald jedoch unsere Balance durch den Einsatz der richtigen Arzneien wieder hergestellt ist, verschwinden auch die Symptome wieder, die uns belastet haben.

Johanniskraut-Anwendung: Johanniskraut ist eine kleine Pflanze, die auch im Blumentropf gedeiht; sie benötigt aber ein gemäßigtes Klima. Frucht und Blätter werden für Heilzwecke eingesetzt und in Europa ist Johanniskraut vielfach auch in Teebeuteln erhältlich. Die übliche Dosis besteht aus einem Teelöffel oder Teebeutel Johanniskraut auf ungefähr 200 ml Wasser. Kochendes Wasser über den Tee gießen, zehn Minuten ziehen lassen und nach Wunsch mit Kandiszucker süßen. Trinken Sie im Falle einer Störung zwei Tassen täglich.

Kamille. Auch diese europäische Pflanze sorgt für ein Energiegleichgewicht; Blüten und Blätter werden zu Heilzwecken gebraucht. Die Dosierung ist wie beim Johanniskraut. Kamillentee dient ferner zur Pflege schmerzender Augen und wird gegen Erkältung und Fieber verwendet. Beim Einsatz von Kamille und Johanniskraut zu Heilzwecken trinkt man täglich drei bis vier Tassen Tee.

Andere Möglichkeiten zur Wiedergewinnung des Gleichgewichts

Ist das Gleichgewicht der Körperenergien verloren gegangen und entsprechende Symptome treten auf, so ist man verständlicherweise besorgt. Umso wichtiger ist es dann, die möglichen Behandlungsmethoden genau zu kennen. Die Ernährung stellt eine wichtige Form der Behandlung von Erkrankungen dar, sie kann uns andererseits jedoch auch krank machen. Wenn Ihnen also verschiedene Probleme zu schaffen machen und Sie Ihr Gesundheitszustand verunsichert, dann ist es ratsam, sich zunächst an eine besondere Diät zu halten, die aus einfachen Speisen mit wenig Fett besteht. Hierfür finden Sie im Folgenden einige Rezepte. Wenn Sie sich einige Tage so ernährt haben, verschwinden die meisten Probleme, die mit der Verdauung zu tun haben, von allein und Sie werden sich wieder viel besser fühlen. Danach werden Selbstuntersuchung und Wahl der Behandlungsform viel einfacher als vorher möglich sein. Für ein paar Tage in eine andere Umgebung zu kommen ist eine weitere Möglichkeit, Balance und Harmonie wieder zu finden. Eine Luftveränderung ist auch geistig sehr erfrischend.

Ernährungsmaßnahmen. An dieser Stelle möchte ich einige Anregungen für einen einfachen Ernährungsplan zur Reinigung des Organismus geben. Probieren Sie die Diät einfach für eine Woche aus und wenn Sie sich danach besser fühlen, dann übernehmen Sie ruhig einige dieser Rezepte für Ihren normalen Speiseplan. Die Rezepte greifen im Wesentlichen auf in sich ausgewogene Nahrungsmittel zurück.

Frühstück
1. Zwei bis drei geriebene Möhren und in etwas Wasser und Kardamom 15 Minuten garen. Nach Wunsch etwas mit Kandis-

zucker süßen und zum Schluss $1/2$ bis 1 TL Ghee hinzugeben. Wer Ghee schlecht verdauen kann, gibt stattdessen ein Glas Milch dazu; dann allerdings fünf Minuten länger kochen lassen.
2. Essen Sie alternativ einfachen Joghurt mit Reis. Reis fünfzehn Minuten in Wasser einweichen und in der doppelten Menge Wasser mit geschlossenem Deckel bei sehr geringer Hitze kochen. Die Garzeit für Basmati beträgt etwa acht bis neun Minuten; danach weitere drei Minuten stehen lassen. Den Joghurt schlagen und etwas Salz, Pfeffer sowie pro Person $1/2$ TL gerösteten und gemahlenen Kümmel hinzugeben. Kümmel in der Pfanne anrösten und im Mörser stoßen.

Hauptmahlzeiten. Gerade wenn man sich unwohl fühlt, sollte man nur frische, warme Mahlzeiten einnehmen. Solange man diese Diät befolgt, kein Fleisch und keine Eier verzehren. Essen Sie weniger, nur leichte Dinge und abends nicht zu spät, mindestens zwei Stunden vor dem Schlafengehen. Eigentlich sollte man sich immer an diesen Grundsatz halten, achten Sie jedoch besonders darauf, wenn Sie sich nicht wohl fühlen.

Vermeiden Sie auch Hefebrot oder andere nicht wirklich frisch zubereitete Dinge. Nachstehend sind einige besondere Rezepte aufgeführt.
• Möhrensuppe ist zum Abendessen sehr empfehlenswert. Ungefähr vier Möhren und eine Kartoffel in 3/4 l Wasser für 20 Minuten mit geschlossenem Deckel bei geringer Hitze kochen. Nach zehn Minuten je $1/2$ TL Curcuma (Turmeric) und Kümmel, je $1/4$ TL Fenchel, Ajwain, Dillkörner und Koriander hinzugeben sowie Salz und Pfeffer nach Geschmack. Im Mixer pürieren und vor dem Servieren etwas Butter oder Ghee dazugeben.
• Ausgleichende Gemüse wie Zucchini, Kürbis oder Möhren sind immer empfehlenswert. Man kann auch eine Reihe anderer

Gemüse auf den Speiseplan setzen, vermeiden Sie jedoch Blumenkohl, Kohl und anderes aus dieser Familie, denn diese Art Gemüse ist relativ schwer verdaulich. Bereiten Sie Gemüse immer mit Ingwer zu und verwenden Sie dabei auch Kardamom, Ajwain, Kümmel, Koriander, Nelken oder Fenchel. Am besten bereiten Sie sich hiervon eine fertige Gewürzmischung zu, indem Sie alle genannten Gewürze zu gleichen Teilen vermengen, mit Ausnahme der Nelken, von denen nur die halbe Menge genommen wird.
• Nehmen Sie Reis oder Röstkartoffeln dazu, Brot nur, wenn es ganz frisch zubereitet ist.
• Zum Nachtisch essen Sie Papaya, süße Äpfel und Mangos oder Granatäpfel. Gemischter Obstsalat ist ebenfalls sehr gut.
• Wer eine schwache Verdauung besitzt, sollte Salat und rohes Gemüse vermeiden. Garnieren Sie stattdessen Ihre Gemüsegerichte und Suppen mit Koriander, Dill, Basilikum und anderen Kräutern.

Essen Sie nichts zwischen den Mahlzeiten und vermeiden jeglichen Alkohol, solange Sie die Diät machen. Trinken Sie morgens immer heißes Kardamomwasser, zu anderen Zeiten möglichst auch. Bei Völlegefühl und verstimmtem Magen nehmen Sie nach den Mahlzeiten etwas Zitronen-Ajwain (Rezept siehe Seite 184). Im Falle von Appetitlosigkeit nehmen Sie Zitronen-Ajwain mit etwas frischem Ingwer eine halbe Stunde vor den Mahlzeiten.

Wechsel der Umgebung

Oftmals ist ein Umgebungswechsel für die Wiederherstellung des Körpergleichgewichts sehr hilfreich und vermittelt praktisch sofort ein Wohlgefühl. Verschiedene Faktoren spielen dabei eine Rolle; Wasser und Luft die wichtigsten. In diesem Zusammenhang

ist auch folgende kleine Geschichte interessant. Das Klima in Wäldern und Bergen ist Vata-bestimmt und manchen Menschen in diesen Regionen macht dauernde Müdigkeit auf Grund einer Vata-Störung zu schaffen. Dies war auch bei einem Bekannten im Schwarzwald der Fall, der sich ständig über allerlei Schmerzen und ähnliche Probleme beklagte. Er hatte für zwei Jahre in Delhi gelebt und erzählte mir einmal, dort habe er sich so gut wie nie zuvor im Leben gefühlt. Das wiederum erstaunte besonders meine Bekannten in Delhi, die andauernd über die schlechte Luft und den Lärm überall zu klagen haben. Diese Person jedoch war durch das Mittellandklima, das in Delhi im Gegensatz zum Vata-bestimmten Berg- und Waldlandklima herrscht, von ihrer Vata-Störung befreit worden. Wir ersehen hieraus, wie stark die Auswirkungen von Klimafaktoren sein können.

Wenn Sie unter einem Vikriti leiden, so sollten Sie auch daran denken, mal Urlaub an einem ruhigen Ort machen, der ein gänzlich anderes Klima hat. Die Wirkung eines bestimmten Klimas auf den Körper kann außerordentlich stark sein, wenn man sich nicht entsprechend angepasst verhält und ernährt. Wer zum Beispiel in einer Gegend wohnt, in der oft Föhn vorkommt, der ist leicht anfällig für Vata Vikriti. Isst man dabei jedoch vorwiegend warme Speisen mit mehr Knoblauch, Ingwer, Bockshornklee und Ajwain, setzt sich nicht dem Wind direkt aus und nimmt jeden Tag ein heißes Bad, so wird die Energie nicht in Mitleidenschaft gezogen. Wer in dieser Situation andererseits immer trockene und kalte Nahrung zu sich nimmt und gerade solche Gemüse- und Getreidearten bevorzugt, die noch Vata-erhöhend wirken, der wird sich sicherlich ein Vata Vikriti zuziehen. Wenn man solche Zusammenhänge nicht beachtet und die Störung unbehandelt lässt, verschlechtert sich der Zustand weiter und kann zu Vata-typischen Erkrankungen führen. Verhalten Sie sich wachsam, und wenn eine solche Störung auftreten sollte, so wird Ihnen ein Urlaub an der See sicher gut tun.

Wer nahe der See oder an einem Ort mit einem sehr feuchten Klima wohnt, bekommt eher eine Kapha-Störung, wenn er häufig süße und fettreiche Nahrung zu sich nimmt und nur wenig Bewegung hat. Einige Tage Urlaub in den Bergen sorgen dann für den erforderlichen Klimawechsel.

In einem heißen Klima setzt man sich schnell zu großer Hitze aus und zieht sich dann eine Pitta-Störung zu, besonders wenn man in der Sonne arbeiten muss. Die kühle Luft in Bergen und Wäldern wird einem dann gut bekommen oder man geht ans Wasser, allerdings nicht dort, wo es sehr heiß ist.

Auch Witterungsumschwünge können zeitweilig zu Vikriti führen. Nehmen Sie sich davor in Acht, führen Sie jeden Tag eine Selbstuntersuchung und bei Bedarf sofort die angezeigten Maßnahmen durch. Gewöhnlich verschwinden gesundheitliche Probleme, die bei starkem Wind, einer Hitzewelle oder anderen Wetterlagen aufgetreten sein mögen, mit der nächsten Wetteränderung wieder von allein. Im Monat Phagun (Mitte März bis Mitte April) zum Beispiel herrscht im Nordwesten Indiens windiges Wetter vor, ein richtiges Vata-Wetter, und jeder muss sich in Acht nehmen, insbesondere Menschen mit Vata Prakriti. Wir sollten immer aufmerksam auf Wetterumschwünge achten und jederzeit darauf vorbereitet sein. Ayurveda zeigt uns, wie wir uns dem Rhythmus der Natur anpassen und nach dem Fluss des Universums richten können.

Vikriti durch Infektionen

Im Zustand des Vikriti ist unser Ojas (Widerstandsfähigkeit und Lebenskraft) schwächer und der Körper daher anfällig gegenüber Angriffen von Bakterien oder Viren. Im Gleichgewichtszustand und wenn wir uns durch Rasayanas, Yoga und eine ausgewogene

Ernährung ausreichend schützen und pflegen, haben wir ein hohes Ojas und der Körper vermag solche Angriffe gut abzuwehren. Wahrscheinlich werden viele schon beobachtet haben, dass man selbst bei größeren Erkältungswellen von einer Ansteckung verschont bleiben kann, wenn man gut bei Kräften und sehr vital ist, der Körper sich im Gleichgewicht befindet. Um sich vor Infektionen zu schützen, ist es also wichtig, den Zustand des Prakriti zu bewahren und das Ojas mit Hilfe von Rasayanas zu erhöhen.

Arzneien für Alltagskrankheiten

Ayurvedische Arzneien sind ein sehr umfangreiches und komplexes Gebiet, das im Rahmen dieses Buches nicht erschöpfend dargestellt werden kann. Für die praktische Selbstanwendung im Alltag reicht es jedoch vollkommen aus, wenn wir uns einige ausgewählte Hausmittel genauer anschauen. Darüber hinaus muss jede Darstellung von Arzneien auch die genaue Zusammensetzung und die verschiedenen Zubereitungsformen beinhalten, so wie ich es für eine Reihe von Arzneien in meinem Buch *Ayurveda – der Weg des gesunden Lebens* gemacht habe. Einige solcher Präparate sind fertig zubereitet erhältlich und es ist daher notwendig, ausreichende Informationen zur Verfügung zu haben, damit man die Mittel korrekt einsetzen kann. An dieser Stelle wollen wir uns, wie gesagt, auf einige ausgewählte Hausmittel beschränken.

Einfache Erkältung

Die hier angeführten Maßnahmen können zur Bekämpfung einer Erkältung gleichzeitig eingesetzt werden.

Erkältungsmittel mit Kichererbsenmehl (Besan)

Das ist ein weit verbreitetes Hausmittel und sehr einfach zuzubereiten.

* Kichererbsenmehl (Besan)   2 EL
* Ghee   2 EL
* Wasser   200 ml
* Kandiszucker   2 TL oder nach Geschmack

Das Besan in Ghee bei geringer Hitze etwa eine Minute gut verrühren und anbraten. Wasser hinzugeben und weiter verrühren, damit das Mehl nicht klumpt. Zucker beigeben und eine weitere Minute kochen lassen.
Das Mittel heiß trinken und anschließend Zug und kalte Luft vermeiden. Am besten eine Weile hinlegen und zudecken. Dabei kann man etwas schwitzen.

Dosierung: Die obige Menge ist für eine Anwendung. Je nach Stärke der Erkältung bis zu viermal täglich einnehmen, davon einmal vor dem Schlafengehen, damit man besser durchschlafen kann.

Inhalation: In der kalten Jahreszeit sind Inhalationen mit Heildämpfen besonders wichtig. Sie verhindern verstopfte Nasenwege und Nebenhöhlen. Die Rolle von Nasya-Übungen zur Reinigung der Kopfpartie durch Inhalationen wurde bereits beim Saptakarma-Programm beschrieben (siehe Seite 147 ff.). Mit dieser Methode behandeln wir auch Erkältungen. Zweimal täglich anwenden, solange die Erkältung anhält. Wenn die Nebenhöhlen Probleme bereiten, einige Tage länger anwenden, bis aller blockierende Schleim herausgekommen ist.

Tee mit Basilikum, Kardamom, Ingwer und Pfeffer

Dieser Tee hilft bei Erkältung und Fieber, kann aber auch sonst getrunken werden. Bei Verwendung des Tees als Arznei ist die Dosierung und Einnahmehäufigkeit wie hier angegeben, während man ihn als normalen Tee leichter trinkt.

• frischer Ingwer (gehackt)	1 EL
• oder getrockneter Ingwer	$^1/_2$ TL
• schwarzer Pfeffer	5–6 Körner
• Basilikumblätter	etwa 10
• Kardamom	5
• Kandiszucker	nach Geschmack
• Wasser	600 ml

Die Zutaten zerreiben und in das Wasser geben. Zum Kochen bringen und etwa 15 Minuten mit geschlossenem Deckel bei geringer Hitze kochen lassen. Zum Schluss Kandiszucker hinzufügen. In drei Portionen aufteilen und alle vier Stunden trinken. Anschließend nicht in die Kälte begeben oder der Zugluft aussetzen.

Hinweis: Der Tee hilft sowohl bei Erkältung als auch bei Fieber, da er eine schmerzstillende Wirkung besitzt. Er ist bei Fieber einzusetzen, das von Vata-Störungen und durch Kälteeinwirkung verursacht wird oder im Zusammenhang mit Erkältungen und Husten auftritt. Trinken Sie diesen Tee nicht, wenn das Fieber auf zu starke Sonnen- oder Hitzeeinwirkung zurückzuführen ist; in diesem Fall ist ein Mittel mit bitteren Rasas anzuwenden.

Fieber

Je nach Art des Fiebers werden Mittel mit verschiedenen Rasas verabreicht. Einige Mittel verfügen über mehrere bestimmende Rasas und können deshalb bei einer Reihe von Fieberarten eingesetzt werden. Ein derartiges Mittel ist Giloye *(Guduchi* in Sanskrit und *Tinospora cardifolia* in Latein), eine zähe, wild wachsende Pflanze, die auch im Blumentopf gezogen werden kann. Giloye ist gleichzeitig ein Rasayana. Über meine persönliche Erfahrung mit der starken Heilwirkung dieses Mittels berichte ich im nächsten Kapitel.

Giloye-Fiebermittel

Als Arznei wird der Stängel der Pflanze verwendet. Ist er in getrockneter Form erhältlich, vermahlt man ihn zu Pulver und nimmt pro Anwendung einen Teelöffel mit etwas Wasser ein. Von der frischen Giloye schneidet man ungefähr 15 cm Stängel in kleine Stücke und kocht sie in etwa 200 ml Wasser weich. Mit dem Mixer oder von Hand zerkleinern, um das Mark herauszulösen. Durch ein Sieb geben und die Lösung mit zwei TL Kandiszucker weitere zwei bis drei Minuten kochen. Das Mittel trinken und falls das Fieber anhalten sollte, nach sechs bis acht Stunden wiederholen. Zweimal täglich anwenden, bis das Fieber abgeklungen ist.

Fiebermittel mit Neem und Chirayata

Ein weiteres Mittel gegen Fieber ist die folgende Mischung.

- Neem (getrocknete Blätter)   10 g
- Chirayata   10 g

• Giloye (getrocknet)	10 g
• Ajwain	20 g
• Pfeffer	5 g
• Fenchel	10 g

Die Zutaten säubern, trocknen und zu Pulver vermahlen. Durch ein feines Sieb geben und in einem sauberen, trockenen Gefäß aufbewahren.

Dosierung: Bei Fieber alle vier Stunden einen halben Teelöffel mit etwas Wasser einnehmen. Da das Mittel recht bitter schmeckt, kann man hinterher etwas Süßes essen.

Hinweis: Bitteres Rasa kann Vata stören. Aus diesem Grund enthält das obige Rezept zusätzlich Ajwain, Pfeffer und Fenchel, damit das Mittel ausgewogen wird.

Husten

Ein einfaches Hausmittel gegen Husten besteht aus Honig, Pfeffer, Basilikum und frischem Ingwersaft.

• Ingwer	2–3 ccm
• schwarzer Pfeffer	5 Körner
• Basilikumblätter	5 Stück
• Honig	1 EL

Im Mörser den Saft aus dem Ingwer quetschen. Darin Pfefferkörner und Basilikumblätter zerreiben, zu einer Paste verrühren und Honig dazugeben. Dies reicht für eine Anwendung.

Je nach Stärke des Hustens täglich zwei- bis dreimal einnehmen, davon unbedingt einmal vor dem Schlafengehen.

Sitopaladi

Sollte der Husten anhalten und auch bei Anwendung des obigen Rezepts nicht verschwinden, dann benötigen Sie ein stärkeres Mittel wie Sitopaladi, ein sehr wirksames traditionelles Ayurveda-Hustenmittel. Man kann es fertig kaufen, aber auch recht einfach selbst herstellen. Mit Honig vermengt, ist es lange haltbar. Die meisten Zutaten für dieses Rezept werden Ihnen geläufig sein, mit Ausnahme von Vanshalochan, wörtlich »Bambusauge«, das in Nordwest-Indien auch Tavaseer genannt wird. Es ist Extrakt aus einem augenähnlichen Teil im oberen Bereich der Bambuspflanze *(Bambusa arundinacea)*. Das Naturprodukt ist nur schwer erhältlich; meist wird ein synthetischer Ersatzstoff angeboten, der aber ebenso wirksam ist. Vanshalochan enthält auch verschiedene Siliziumsalze.

- Kandiszucker   50 g
- Vanshalochan   25 g
- langer Pfeffer (Pippali)   12 g
- Kardamom   6 g
- Zimt   3 g

Die Hülsen des Kardamom entfernen, alle Zutaten in einer kleinen Gewürz- oder Kaffeemühle mahlen und durch ein sehr feines Sieb geben. Gut vermengen und mit Honig zu einer Paste verrühren. Hierzu nimmt man gewöhnlich die dreifache Menge Honig, je nach Art des Honigs kann es auch etwas mehr oder weniger sein.

Dosierung: Viermal täglich ein Drittel Teelöffel einnehmen, Kinder die Hälfte, davon einmal vor dem Schlafengehen. Nach der Einnahme von Sitopaladi kein Wasser oder kalte Getränke zu sich nehmen.

Wer unter chronischer Erkältung oder chronischem Husten leidet und dessen Kopfpartie mit Schleim verstopft ist, sollte Sitopaladi-Pulver, vermengt mit Ghee, anstelle von Honig nehmen. Über drei bis vier Wochen bis zur völligen Heilung einnehmen, anfangs viermal täglich und später auf zweimal täglich reduzieren.

Appetitlosigkeit, Verdauungsbeschwerden und Alkoholkater

Appetitlosigkeit ist ein häufiges Problem, insbesondere bei Kindern. In der Kindheit sind wir ohnehin Kapha-bestimmt und Kinder mit Kapha Prakriti sind hierfür anfälliger als Kinder mit einer anderen Konstitution. Appetitlosigkeit ist auf übermäßige Hitze oder eine Kapha-Störung zurückzuführen, die das Verdauungsfeuer unterdrückt.

Aus Ingwer, Ajwain und Zitrone kann man einfache Mittel gegen Appetitlosigkeit zubereiten:
• Ingwer in dünne Scheiben schneiden und etwas Steinsalz (Sendha Namak) sowie Zitronensaft darüber geben. Eine halbe Stunde vor den Mahlzeiten drei Scheiben essen.
• Zitronensaft mit Ajwain und Steinsalz ist ebenfalls sehr gut geeignet. Nach der Mahlzeit eingenommen hilft das Mittel auch bei Völlegefühl und gegen Alkoholkater.
Gegen Appetitlosigkeit nimmt man eine halbe Stunde vor der Mahlzeit einen halben Teelöffel Ajwain mit einem halben Teelöffel Zitronensaft und etwas Steinsalz ein.

Gegen Verdauungsprobleme oder Alkoholkater nimmt man dieselbe Dosis nach der Mahlzeit bzw. nach dem Alkoholkonsum
ein. Bei Bedarf nach zwei Stunden wiederholen.
Wenn einem nach dem Essen etwas übel ist oder die Verdauung
nicht richtig funktioniert, nimmt man die obige Dosis alle zwei
Stunden, bis man sich wieder besser fühlt.
• Bei Magenverstimmungen nimmt man Zitronen-Ajwain mit
warmem Wasser. Einen halben Teelöffel Zitronen-Ajwain einnehmen und mit warmem Wasser hinunterspülen. Man kann auch
das Ajwain erst kauen und dann warmes Wasser trinken.
Zitronen-Ajwain bzw. Nimbu-Ajwain ist auf vielen indischen
Märkten erhältlich. Man kann es sehr einfach auch selbst zubereiten und sollte es zum Beispiel auf Reisen immer mit sich führen.

Zitronen-Ajwain

• Ajwain	100 g
• Zitronensaft	50 ml
• Steinsalz	1 EL

Das Ajwain in Wasser geben; dabei sinken etwa vorhandene
kleine Steinchen und Sand zu Boden, die Ajwain-Körnchen
schwimmen oben. Die Ajwain-Körnchen heraussieben und
zum Trocknen auf ein sauberes Tuch legen. Getrocknetes
Ajwain auf einen Teller geben und den halben Zitronensaft
sowie das Salz hinzufügen. Die Körnchen müssen praktisch in
Zitronensaft schwimmen und haben nach einigen Stunden
den Zitronensaft teilweise aufgesogen; die Wasseranteile
haben sich verflüchtigt. Den Rest des Zitronensafts hinzugeben und mit einem Holzlöffel verrühren. Je nach Witterung

sind die Körnchen nach ein bis zwei Tagen trocken. Wenn sie absolut trocken sind, in ein sauberes, trockenes Gefäß geben. Bei Bedarf einen halben Teelöffel einnehmen. Entweder kauen und langsam essen oder mit etwas warmem Wasser schlucken.

Übersäuerter Magen

Zahlreiche Menschen leiden unter zu viel Magensäure; dieses Problem ist mit einfachen Hausmitteln jedoch recht einfach zu beheben.

Gegen Magenübersäuerung helfen besondere Diätmaßnahmen und die vorn beschriebene regelmäßige Durchführung von Jala Dhauti (siehe Seite 125 ff.).

Spezielle Ernährungsvarianten zur Wiederherstellung des Energiegleichgewichts wurden bereits eingangs dieses Kapitels beschrieben. Ernähren Sie sich entsprechend dieser Regeln und machen Sie regelmäßig Jala Dhauti. Bleiben Sie nach den Mahlzeiten nicht sitzen und legen Sie sich auch nicht hin, sondern machen Sie einen kleinen Spaziergang oder bewegen sich einfach in der Wohnung umher. Man kann sich auch in der Felsenposition hinsetzen, ähnlich wie bei der FEEP-Übung erläutert (siehe Seite 78 ff.).

Wer zu viel Magensäure hat, sollte keine scharfe oder saure Kost zu sich nehmen. Vermeiden Sie alle sauren Sachen, auch Obst, und gleichen Sie saures Rasa mit salzigen, süßen und bitteren Rasas aus.

Die meisten werden wissen, dass ein Glas kalte und gesüßte Milch nach der Mahlzeit die Magensäure abbaut. Verwenden Sie dazu aber nur gute Milch. Sie können die Milch direkt beim Bauern kaufen oder unbehandelte Milch in den Bioläden.

Nelken-Rosinen-Mittel zum Abbau der Magensäure

* Gewürznelken   10 g
* Rosinen   30 g

Die Nelken zu Pulver verarbeiten, mit den Rosinen vermengen und im Mörser zu einer Paste bereiten. Ist die Mischung zu trocken, etwas Honig hinzugeben. Von der Paste in der Hand Tabletten in Erbsengröße formen; sie halten sich im Kühlschrank etwa eine Woche.

Dosierung: Eine oder zwei Tabletten nach den Mahlzeiten einnehmen. Ganz langsam kauen und nach und nach herunterschlucken.

Behandlung von einfachen Hautproblemen, Hautallergien und Pickeln

Diese Probleme behandle ich gemeinsam, weil sie alle mit dem Blut zusammenhängen und mit Blutreinigungsmitteln behandelt werden. Rezept und Dosierung für ein Blutreinigungsmittel wurden bereits im letzten Kapitel erläutert (siehe Seite 150 ff.). Führen Sie die Behandlung für einen Monat durch und richten Sie sich des Weiteren nach den weiter oben in diesem Kapitel beschriebenen Ernährungsregeln für eine einfache und ausgewogene Kost. Falls Sie anhaltend Probleme mit Hautausschlag, Pickeln und allergischen Reaktionen haben sollten, führen Sie eine langfristige Curcuma-Kur durch; dabei nimmt man über einige Monate täglich einen Teelöffel Curcuma-Pulver (Turmeric oder Haldi in Hindi) ein. Am einfachsten ist die Einnahme von Curcuma-Milch, die nicht nur eine Arznei für Allergien ist und als Blutreiniger eingesetzt werden kann, sondern generell auch kräftigend wirkt.

Curcuma-Milch

Sie ist ganz einfach zu machen und schmeckt auch gut.

• Curcuma	1 TL
• Ghee	1 TL
• Milch	150 ml
• Kandiszucker	1 oder 2 TL nach Geschmack

Ghee in der Pfanne erwärmen, Curcuma hinzugeben und unter Rühren bei geringer Hitze eine halbe Minute leicht anbraten. Die Pfanne dabei nicht zu heiß werden lassen. Milch hinzufügen, Hitzezufuhr vergrößern und zum Kochen bringen. Zum Trinken in eine Tasse geben. Größere Curcuma-Teilchen sammeln sich am Tassenboden; dies ist jedoch unerheblich. Die Curcuma-Milch sollten Sie sehr warm trinken.

Hinweis: Vorsicht vor Curcuma-Flecken! Sie sind mit Waschpulver oder Seife nicht zu entfernen und werden in der Sonne nur heller.

Müdigkeit und Erschöpfung

Müdigkeit und Erschöpfung selbst sind keine Erkrankung; wenn der Zustand jedoch unbehandelt bleibt, so kann es zu verschiedenen anderen Beschwerden und Erkrankungen kommen.

Gönnen Sie sich ausreichend Ruhe und sorgen Sie für eine entspannende Atmosphäre um sich herum. Denken Sie an das grundlegende Ayurveda-Mantra:»Das Wichtigste im Leben ist das Leben selbst.« In meinem Heimatstaat in Indien gibt es folgendes Sprich-

wort: »Das Leben endet irgendwann, die Arbeit nie.« Reden Sie sich nie ein: »Ich habe immer zu viel zu tun und habe keine Zeit, mich zu entspannen.« Eine solche Einstellung ist wie eine Einladung für Erkrankungen von Herz, Leber und Geist. Bemühen Sie sich wirklich, Dinge zu machen, die Ihnen Spaß bereiten und Entspannung bringen. Wenn Sie sich nicht entscheiden können oder nicht wissen, was Ihnen wirklich Vergnügen bereitet, oder wenn Sie zu müde sein sollten, dann machen Sie einfach einen Urlaub ganz weit weg. Und sollte es die unmittelbare Umgebung sein, die Sie müde macht, die Familie zum Beispiel, dann gehen Sie einmal für einige Zeit allein in den Urlaub.

Nehmen Sie bei einem derartigen Zustand immer zweimal täglich das unten vorgestellte Rasayana V ein.

Rasayanas – besonders stärkende Mittel

Wir beobachten bei bakteriellen und Virusinfektionen häufig, dass zwar sehr viele Menschen von einer Erkältung, einer Grippe oder einem Husten befallen werden und verschiedentlich sogar Epidemien auftreten, einige Personen davon aber nicht betroffen sind, weil sie offensichtlich bessere Abwehrkräfte haben. Das fällt uns zuweilen auch an uns selbst auf, wenn das eine Mal unsere Widerstandsfähigkeit groß genug war und wir deshalb verschont blieben, ein anderes Mal aber, wenn wir abgespannt oder gestresst waren, krank geworden sind.

Ayurveda empfiehlt generell die Einnahme gesundheitsfördernder Substanzen, damit wir vital und widerstandsfähig gegen Krankheiten bleiben. Abwehrkraft und Vitalität werden im Ayurveda beide Ojas genannt. Vermehrtes Ojas lässt uns auch leichter gegen Alterserscheinungen angehen und erhöht die Qualität unseres Lebens. Rasayana können wir wie folgt definieren:

Rasayana ist eine Substanz oder Menge verschiedener Substanzen, die mehrere Rasas in konzentrierter Form aufweist. Die Einnahme von Rasayanas bringt den Körper ins Gleichgewicht, versorgt ihn mit lebenswichtigen Nährstoffen bzw. Rasas, fördert die Verdauung und verbessert die Nahrungsverwertung. Rasayanas regenerieren den Körper, indem sie das Ojas stärken und auf diese Weise helfen, Alterserscheinungen entgegenzuwirken und ein langes, gesundes Leben zu führen.

Rasayanas sind ein wesentlicher Bestandteil der Ayurveda-Heilkunde. Einer von insgesamt acht Zweigen des Ayurveda widmet sich ausschließlich dem Komplex Regeneration und Vorbeugung gegen Alterserscheinungen; hierbei kommt den Rasayanas eine herausragende Rolle zu. Parallel zu den anderen in diesem Buch beschriebenen Maßnahmen sollten Sie immer auch regelmäßig Rasayanas einnehmen, die nicht nur das Ojas erhöhen, sondern uns darüber hinaus auch ein strahlendes Aussehen verleihen. Nachfolgend stelle ich einige einfache Rasayana-Rezepte vor.

Rasayana I – Knoblauch

Viele natürliche Substanzen sind Rasayanas; eines, das jeder kennt, ist Knoblauch. Er verfügt über fünf der sechs ayurvedischen Rasas, nämlich süß, salzig, scharf, bitter und zusammenziehend, nicht aber sauer. Da Knoblauch sehr stark ist, wird er als Rasayana nur in niedriger Dosierung verwendet. Hierzu wird Knoblauch erst zerkleinert und gestoßen, dann je nach Prakriti unterschiedlich eingenommen:

Vata Prakriti Personen geben zum Knoblauch etwas Ghee dazu;

Pitta Prakriti Personen fügen zerkleinerten Kandiszucker hinzu und nehmen ihn mit etwas kaltem Wasser ein;

Personen mit Kapha Prakriti nehmen etwas Honig dazu.

Dosierung: Die einzunehmende Menge Knoblauch richtet sich nach dem Verdauungsvermögen. Man fängt mit einer kleinen Zehe an und wenn man den Knoblauch gut verdauen kann, wird die Dosis auf zwei Zehen gesteigert. Es ist besser, wenn man Knoblauch regelmäßig in geringer Menge nimmt, als unregelmäßig und dann im Übermaß.

Einige empfinden den Knoblauchgeruch, der aus dem Mund, dem Schweiß und dem Urin strömt, als sehr unangenehm. Gegen den Geruch kaut man einige Kardamom und trinkt dazu viel Wasser. Mit Tee aus Korianderpulver ist der Geruch gut zu unterdrücken.

Knoblauch-Rasayana kann man mit Honig haltbar machen. Es ist so für alle Arten von Prakriti geeignet. Auf diese Weise wird das Mittel milder im Geruch und leichter verdaulich, obwohl der Knoblauch selbst normalerweise nur schwer verdaulich ist.

Knoblauch-Rasayana

• Knoblauch	100 g
• Honig	300 g
• Gewürznelken	10 g

Knoblauchzehen schälen und auf einer flachen Oberfläche einige Stunden trocknen lassen. Dann den Knoblauch in ein etwa einen halben Liter fassendes großes Glasgefäß füllen, den Honig darüber gießen und mit dem Löffel gut umrühren. Der Knoblauch schwimmt im Honig und Sie müssen die Zehen nach unten drücken, sodass sie gut mit Honig verkleben. Nelken hinzufügen und gut verrühren. Fest verschließen

und im Küchenschrank aufbewahren. Jeden Tag rühren oder das Gefäß schütteln. Nach etwa zehn Tagen ist der Knoblauch »reif« und das Mittel kann eingenommen werden.

Dosierung: Mit einer Zehe und einer Nelke täglich beginnen und je nach Verdauungsvermögen auf bis zu drei Zehen mit drei Nelken täglich steigern. Immer eine Knoblauchzehe gemeinsam mit einer Gewürznelke am besten vor dem Schlafengehen einnehmen.

Rasayana II – Safran

Safran ist ein großartiges, vielseitiges Rasayana und gleichzeitig ein Aphrodisiakum, das die sexuelle Energie und Spannkraft verbessert. Es kann einfach mit Milch getrunken werden; wer keine Milch mag, löst den Safran in etwas heißem Wasser auf. Safran eignet sich auch vorzüglich für Reis und Desserts.
Der lateinische Name der Pflanze, von der Safran stammt, ist *Crocus sativus.* Was wir als Gewürz und Arznei verwenden, sind die Staubgefäße der Blüten; es sind kleine Fäden in leuchtendem Orange.

Qualität: Bei Safran muss man sehr genau auf die Qualität achten und darf keinen Verschnitt kaufen. Safran wird in Kaschmir, Spanien und in Südfrankreich angebaut. Als Arznei ist Kaschmir-Safran der beste. Am besten kauft man von Kashmir Emporium oder verlässlichen Ayurveda-Geschäften. Der in Kaschmir auf der Straße angebotene Safran ist oftmals mit Staubgefäßen anderer Pflanzen gestreckt. Aus Safran wird auch Parfüm hergestellt. Reines Safranparfüm ist sehr stark; es duftet sogar durch die Verpackung, wenn es doppelt in Plastik eingewickelt ist.

Dosierung: Als Rasayana nimmt man täglich 100 mg Safran. Man kann ein Päckchen von einem Gramm leicht in zehn Portionen aufteilen.

Rasayana III – ein einfaches Mittel gegen Müdigkeit

Dieses Mittel ist mit üblichen Ayurveda-Zutaten einfach zuzubereiten.

* Kümmel   2 EL
* Fenchel   1 EL
* Kalonji   1 EL
* getrockneter Ingwer (Pulver)   1 EL
* kleiner Kardamom (Körner)   1 EL

Alle Zutaten säubern, trocknen und zu feinem Pulver vermahlen. Durch ein Sieb oder Seihtuch geben. Gegen Ermattung und zur Regeneration kann das Pulver auf die drei nachfolgend beschriebenen Arten eingenommen werden.

Einnahme und Dosierung:
* Zweimal täglich einen halben Teelöffel des Pulvers.
* Zur Verbesserung des Geschmacks der obigen Mischung nach Wunsch drei Esslöffel Kandiszucker hinzugeben und entsprechend die Dosis leicht erhöhen.
* Zur Verfeinerung der Zubereitung 400 ml Rosenwasser hinzufügen, für einen Tag stehen lassen und das Gefäß mit der Zubereitung ab und an schütteln. Drei Esslöffel gemahlenen Kandiszucker hinzugeben und wiederum gut schütteln. Im Kühlschrank aufbewahren. Einige Substanzen lösen sich auf, andere setzen

sich am Boden ab. Morgens und abends jeweils zwei Esslöffel einnehmen. Wenn die Flüssigkeit aufgebraucht ist, den Bodensatz fortschütten.

Rasayana IV – ein die Hirntätigkeit anregendes Mittel

Dieses Mittel ist besonders für Kinder und solche Personen geeignet, die viel Kopfarbeit zu verrichten haben. Es kann regelmäßig täglich zehn Minuten vor dem Frühstück eingenommen werden.

Cashewnüsse	200 g
Kürbiskerne	100 g
Mandeln (geschält)	100 g
Fenchel	50 g
schwarzer Pfeffer	25 g
kleiner Kardamom	25 g
Honig	1 kg

Honig in ein genügend großes Gefäß geben und Cashewnüsse, Kürbiskerne sowie Mandeln hinzufügen. Kardamom schälen, mit Pfeffer und Fenchel zu Pulver mahlen und ebenfalls in das Gefäß geben. Gut verrühren, das Gefäß fest verschließen und alles eine Woche »reifen« lassen. Gelegentlich schütteln, damit sich alles gut vermengt.
Diese Zubereitung schmeckt vorzüglich, da die Nüsse im Honig einen besonderen Geschmack annehmen. Man kann sie deshalb auch gut zum Nachtisch essen.

Dosierung: Täglich ein bis zwei Esslöffel vor dem Frühstück einnehmen. Die Einnahme ist auch zu anderen Zeiten möglich, aber erst zwei Stunden nach einer Mahlzeit.

Rasayana V – ein regenerierendes Mittel gegen Erschöpfung

Dieses Mittel ist ein besonders breit wirkendes Rasayana, das man zur Stärkung der körperlichen und geistigen Kräfte sowie zur Verbesserung von Widerstandsfähigkeit und Lebenskraft täglich einnehmen kann.

Brahmi	50 g	Fenchel	50 g
Shankhpushpi	50 g	Basilikum-Blätter	25 g
Trifala*	100 g	Neem-Blätter	25 g
Trikuta**	100 g	Ajwain	50 g
kleiner Kardamom	25 g	Giloye	25 g
großer Kardamom	25 g	Ashvagandha	25 g
Nelken	25 g	Bockshornklee	25 g
Zimt	25 g	Koriander	50 g
Dillsamen	25 g	Süßholz	50 g

Die Zutaten säubern und trocknen. Kardamom aus der Hülle nehmen. Alles mit einer Kaffee- oder Gewürzmühle mahlen, vorher größere Süßholz- und Ingwerstücke in einem Stein- oder Eisenmörser zerkleinern, damit die Mühle keinen Schaden nimmt. Das Mahlgut durch ein feines Sieb geben und die Reste nochmals mahlen. Wiederum sieben und die verbliebenen Reststoffe fortschütten. Das Pulver gut mit dem Honig vermengen. Gewöhnlich nimmt man hierzu die dreifache Menge Honig. Das Pulver nimmt den Honig gut auf und wird zu einer pastenartigen Masse.

---

* Trifala-Rezepte sind eingangs dieses Kapitels beschrieben.
** Trikuta ist eine einfach herzustellende Mischung, die zu gleichen Teilen aus schwarzem Pfeffer, langem Pfeffer (Pippali) und getrocknetem Ingwer besteht.

Dosierung: Je nach Körpergewicht täglich ein bis anderthalb Teelöffel einnehmen. Bei Müdigkeit und Erschöpfung einen Löffel voll einnehmen und etwa eine Stunde hinlegen. Anschließend etwas Warmes trinken. Die Wirkung ist sofort zu spüren.

Alternative Zubereitungen: Man kann die Pulvermischung auch ohne Honig verwenden oder sie alternativ in erkalteten Zuckersirup geben. Honig verbessert allerdings die Wirkungseigenschaften der verwendeten Zutaten und sollte deshalb die erste Wahl bleiben.

Als dritte Möglichkeit kann man der Kräutermischung während der Amala-Saison auch frische Amalas hinzugeben. Wir erinnern uns, dass Amala eine der Trifala-Früchte ist. Etwa zwei Kilo frische Amalas für 15 Minuten dämpfen, die Kerne entfernen und die doppelte Menge an Zucker (die Kerne nicht eingerechnet) hinzugeben. Bei geringer Hitze 45 Minuten lang kochen und bei Bedarf Wasser nachschütten. Erkalten lassen, die obige Kräutermischung hinzugeben und gut vermengen.

Hinweis: Die Kräutermischung darf erst dann in den Amala- oder Zuckersirup gegeben werden, wenn der Sirup zuvor vollständig erkaltet ist. Einige der Zutaten sind äußerst wärmeempfindlich und würden sonst ihre Wirkung verlieren.

Konservieren: Mit Honig vermengt, ist das Mittel lange Zeit haltbar. Bei Verwendung von Amala- oder Zuckersirup kann bei feuchtem Wetter Fäulnis auftreten. Auf jeden Fall das Mittel in einem fest verschlossenen Gefäß kühl und trocken aufbewahren. Für den täglichen Bedarf jeweils eine kleinere Menge in ein anderes Gefäß abfüllen.

10 Weitere Aspekte der Ayurveda-Lebensführung

Als ich im Jahre 1987 aus Deutschland für sechs Monate nach Indien zurückkehrte, um Untersuchungen über den Einsatz von gesundheitsfördernden und vorbeugenden Ayurveda-Verfahren durchzuführen, musste ich feststellen, dass zwar die traditionellen Heilmethoden auf dem Lande weiterhin millionenfach angewendet wurden, großen Teilen der städtischen Bevölkerung jedoch die traditionellen Werte abhanden gekommen waren. Ayurveda im Gewande internationaler Popularität hatte diese Kreise noch nicht erreicht. Ein Jahr später kam ich für längere Zeit zurück und schrieb mein erstes grundlegendes Buch über Ayurveda *(Ayurveda – der Weg des gesunden Lebens)*. Auch zu dieser Zeit war in Delhi kaum jemand für meine Ideen zu begeistern und das Buch erschien zunächst auf Deutsch und in anderen europäischen Sprachen, später dann in Amerika. Erst einige Jahre später wurde es auch in Indien veröffentlicht. In der Zwischenzeit, Mitte der Neunzigerjahre, hatte Ayurveda nämlich in westlichen Ländern große Popularität erreicht, in Sri Lanka und Kerala war daraus eine veritable Tourismusbranche erwachsen und in Indien hatte die gebildete Elite ihr Erinnerungsvermögen aufgefrischt, indem sie das lange »a« wieder an »Ayurvedaa« fügte. Vata, Pitta, Kapha, Abhiyanga, Panchakarma und Shirodhara sind seitdem im Ausland zu bekannten Begriffen in der Gesundheitspflege geworden. Diese an sich erfreuliche Entwicklung unseres

jahrtausendealten Systems der Gesundheitsfürsorge verlief bedauerlicherweise jedoch einseitig, denn viele, die zur Verbreitung des Ayurveda beitrugen, waren nicht hinreichend in der Shashtriya-Tradition, dem schriftlich überlieferten Wissen, ausgebildet und vernachlässigten daher zwangsläufig die beiden anderen wichtigen Säulen der ayurvedischen Gesundheitsvorsorge und -therapie: die psychologische und die spirituelle Komponente. Im ersten Kapitel dieses Buches habe ich, um diese Komponenten herauszustellen, verschiedentlich den Atharva Veda zitiert, eines der ältesten Zeugnisse des Ayurveda. Hier nun gebe ich wieder, was Charaka vor 2600 Jahren in diesem Zusammenhang sagte: *»Niemand sollte Dinge verschieben, die man sofort erledigen kann, und nichts in Angriff nehmen, ohne es zuvor geprüft zu haben. Man darf sich weder seinen Sinnen unterwerfen, noch einen wechselhaften Charakter zeigen, sollte seine Sinne nicht überfrachten, doch nicht zaudernd sein. Man darf weder im Gefühl des Zorns noch der Begeisterung handeln, sich nicht am Erfolg berauschen, doch vom Misserfolg nicht entmutigen lassen. Dabei hat man immer seine natürliche Veranlagung zu beachten. Man sollte von seiner Sache überzeugt sein und deshalb immer Dinge anstoßen, niemals davon ausgehen, nichts könnte verändert werden. Die Zuversicht darf man nicht verlieren und an einen Misserfolg nicht denken.«* (Sutrasthana, VIII, 27) Die alten Schriften sind voll solcher Weisheiten und glücklicherweise ist vieles davon noch in traditionellen Familien in ganz Indien gegenwärtig. Weise Menschen sehen oftmals einen Zusammenhang zwischen gesundheitlichen Problemen auf der einen und einem geistigen Tamas-Zustand sowie einem Übermaß an Rajas auf der anderen Seite. Solche Vorstellungen sind seit der Antike natürlicher Bestandteil unserer Kultur und unserer heilkundlichen Tradition; die überlieferten Texte heben dies besonders hervor: *»Nahrungsmittel, die schwer, scharf, aufblähend,*

unsauber, antagonistisch oder einem zuwider sind und zur falschen Zeit verzehrt werden, (verursachen Amadosha). Andere Ursachen für Amadosha sind die geistige und seelische Befindlichkeit mit Gefühlslagen wie Leidenschaft, Zorn, Habgier, Verwirrung, Neid, Verschämtheit, Gram, Trug, Erregung und Angst.«
(Vimanasthanam, II, 8)

»*(…) Bei Kranken trifft man zwei gegensätzliche Reaktionsweisen an. Die einen leiden in Wahrheit an einer schweren Krankheit, aber auf Grund eines hervorragenden Sattva ist ihr Körper und ihr Geist sehr stark, und es sieht so aus, als hätten sie nur eine leichte Erkrankung. Die anderen haben in Wahrheit nur leichte Beschwerden, doch auf Grund eines Mangels an Sattva sieht es so aus, als hätten sie eine schwere Krankheit. Ärzte, die damit nicht vertraut sind und ihre Patienten nur oberflächlich in Augenschein nehmen, können dann schwere Fälle nicht von leichten unterscheiden.*« (Vimanasthanam, VII, 3)

Diese Passagen aus den ursprünglichen Schriftquellen gebe ich hier wieder, um die verschiedenen Dimensionen des grundlegend ganzheitlichen Ansatzes im Ayurveda in seiner Bedeutung für die heutige Zeit zum Ausdruck zu bringen. Es ist wichtig zu sehen, dass eine Trennung zwischen Körper und Seele, so wie die moderne Medizin sie vornimmt, im Ayurveda nicht vorstellbar ist. Psychosomatische Erkrankungen sind für die moderne Medizin noch ein relativ junges Gebiet. Die Ayurveda-Heilkunde jedoch geht über die einfache Psychosomatik weit hinaus, indem sie aufzeigt, wie das Soma die Psyche und umgekehrt die Psyche das Soma beeinflusst. Zwischen beiden existiert eine sehr enge Beziehung und erst als Einheit bilden sie zusammen mit der Seele den vollständigen Organismus. Die Seele verleiht dem Körper, der aus den fünf Elementen besteht, Lebendigkeit und die Fähigkeit zur körperlichen und geistigen Leistung. Das körperliche Leistungsvermögen ist untrennbar mit dem geistigen Leistungs-

vermögen verbunden, denn der Körper bzw. das Sharira schließt den Geist ein. Beides zusammen, Körper und Geist, bilden den Teil unserer Existenz, der nach dem Tode zerfällt: Die fünf Elemente des Körpers kehren zu den anderen Elementen des Universums zurück, doch die Seele, Grund unseres Daseins, existiert unendlich fort. Deshalb betrachtet man die Seele auch als das eigentliche Selbst eines Individuums, dessen Karma die Seele noch prägt, längst nachdem sie den Körper verlassen hat. Es sind solche Prägungen, die über die Zukunft der einzelnen Seele bestimmen.

Karma

Die antiken Schriftgelehrten sagen, Krankheiten sind Ausfluss unseres Karmas, das aus diesem Leben oder einem früheren stammen kann. Durch Japa, Gebete, Meditation und andere Methoden zur Anwendung spiritueller Energie kann man nachteilige Auswirkungen früherer Karmas auffangen. Das gegenwärtige Karma liegt jedoch in unseren eigenen Händen. Wenn wir ein gesundes Leben führen, so wie es in diesem Buch beschrieben wird, dann können wir uns vor vielen gesundheitlichen Problemen schützen.

In den letzten fünfzig Jahren scheinen wir irgendwie vom natürlichen Weg abgekommen zu sein und unseren Körper und unseren Geist oftmals in Widerspruch zur Natur gebracht zu haben. Diese Widersprüche haben Gesellschaft und Umwelt in Unordnung geraten lassen.

Menschliche Habgier hat unser Leben beträchtlich verändert. Viele gewinnorientierte Unternehmen und multinationale Konzerne wollen mit allen Mitteln Konsumenten dazu veranlassen, gesundheitsschädliche Produkte und Medikamente zu kaufen.

Millionen von Menschen auf der Welt haben Probleme mit einfachen Körperfunktionen wie Schlaf, Verdauung oder Ausscheidung. Das moderne Leben mit künstlichen Dünge- und Insektenvertilgungsmitteln sowie chemischen Medikamenten verursacht Fehlfunktionen von Nieren, Leber, Herz, Bauchspeicheldrüse und anderen Organen. Es wird also höchste Zeit, dass wir uns hiervon befreien und lernen, mit der Gesundheit unseres Körpers eigenverantwortlich umzugehen.

Pragyaparadha (intellektuelles Fehlverhalten)

Ungerechtes Verhalten oder Adharma, ob bei einzelnen Personen oder in der Gesellschaft, entsteht aus intellektuellem Fehlverhalten oder Pragyaparadha, die ihrerseits auf einen Mangel an Sattva zurückzuführen sind. Wenn Sattva verkümmert, Rajas und Tamas jedoch dominieren, umgibt den Geist Dunkelheit. Sattva an sich ist der Zustand der Reinheit von Geist und Wissen, in dem kein Fehlverhalten auftreten kann. Ausgehend vom intellektuellen Fehlverhalten führender Personen auf gesellschaftlicher Ebene wird eine Kettenreaktion in Gang gesetzt, die letztlich Luft, Wasser, Ort und Zeit, also alles Faktoren, die Mensch und Gesellschaft bestimmen, in Unordnung bringt und dadurch das natürliche Gleichgewicht zerstört.

In der Charaka Samhita fragt Agnivesha den hochwürdigen Atreya nach der Ursache für solche Unordnung, die zu Epidemien führt und die Gesellschaft zu zerstören droht. Darauf erwidert der hochwürdige Atreya: *»Die eigentliche Ursache für die Unordnung all dieser Dinge [Luft, Wasser, Ort und Zeit] ist die Unredlichkeit oder Adharma. Adharma entsteht durch Fehlverhalten im früheren oder im jetzigen Leben, der Ursprung von beidem ist jedoch ein charakterlicher Fehler [Pragyaparadha]. [Dieser wird offenbar], wenn*

die Führer von Land, Stadt, Zunft oder Gemeinschaft den Pfad der Tugend verlassen, indem sie gegenüber den Menschen unredlich handeln und ihre Vertreter und Untergebenen, Bürger der Stadt, Mitglieder der Gemeinschaft und Händler sich ebenfalls solcher Unredlichkeit bedienen. Wo es keine Rechtschaffenheit mehr gibt, ziehen sich auch die Götter zurück. Das Klima ändert sich und der Regen kommt nicht zur rechten Zeit oder er fällt zu stark. Der Wind weht nicht mehr richtig, das Land verfällt, Flüsse und Seen trocknen aus, die Pflanzen verlieren ihre natürliche Kraft und werden krank. Und weil man verunreinigte Dinge berührt oder davon isst, breiten sich Epidemien aus.« (Vimanasthanam, II, 20)

Aus dem Zitat können wir ersehen, dass sich unsere gesellschaftlichen Probleme im Kern über die Jahrtausende nicht verändert haben. Die Händler von damals sind heute die multinationalen Konzerne; sie werden von Vertretern zahlreicher Regierungen zu deren persönlichem Vorteil unterstützt, damit sie überall auf der Welt Produkte verkaufen können, die schädlich für die Gesundheit sind. Wir sollten daher versuchen, uns immer weise zu verhalten, müssen unser Inneres mit Sattva füllen und stets bestrebt sein, in keiner Hinsicht charakterliche Fehler zu zeigen, weder in der Familie oder der Gemeinschaft noch in der Gesellschaft. Wenn jeder von uns in seinem Innern das Adharma niederhält und stattdessen das Sattva sucht, können wir intellektuelles Fehlverhalten vermeiden. Wir sind alle Teil der Gesellschaft und kommen gegen das Adharma der Mächtigen nur mit Wissen, Aufrütteln, Einigkeit und Stärke an. Denken Sie immer daran, dass alle Produkte abzulehnen sind, die unsere Umwelt belasten und unsere Gesundheit schädigen. Wenn wir uns alle danach richteten, würde den großen gewinnorientierten Unternehmen die Grundlage für ihre Produkte entzogen, weil die Nachfrage ausbliebe.

Gesundheitsläden waren in Europa früher gegenüber normalen Lebensmittelgeschäften klar abgegrenzt. Den Konsumenten ist

201

seither die Bedeutung gesunder Lebensmittel und anderer qualitätsvoller Produkte jedoch immer bewusster geworden, sodass mittlerweile auch in normalen Lebensmittelgeschäften kleine Bereiche mit Gesundheitsprodukten eingerichtet wurden. Mit steigender Nachfrage haben sich auch mehr und mehr Landwirte auf Bioanbau umgestellt und wenn sich die Nachfrage weiterhin in diese Richtung verändert, wird der Einsatz von Kunstdünger und chemischen Pflanzenschutzmitteln in der Landwirtschaft noch mehr zurückgehen. Eine solche Revolution ist praktisch möglich. In dieser Hinsicht machte ich eine erfreuliche Beobachtung in Noida, einem Vorort von Neu-Delhi, in dem ich einige Monate im Jahr lebe. Dort sind auch verschiedene internationale Schnellimbissketten mit ihrem üblichen ungesunden Angebot vertreten; sie scheinen nicht recht zu florieren und versuchen, mit immer neuen Angeboten mehr Kunden anzulocken. Auf der anderen Seite bilden sich vor einem guten vegetarischen Restaurant mit südindischer Küche mittags und abends regelrechte Schlangen.

Wie immer in solchen Fällen üblich, finden einige Menschen aus eigener Überlegung rechtzeitig zu einem neuen Gesundheitsbewusstsein, andere müssen erst Lehrgeld zahlen und eine schwere oder chronische Krankheit bekommen. Letztlich ist jeder von uns für sich selbst verantwortlich, muss sich entscheiden und eine Wahl treffen. Unsere Freiheit liegt darin, dass wir uns im Rahmen unseres Karmas selbst entscheiden können. Das Schicksal ist von daher nicht vorbestimmt, sondern liegt in unserer eigenen Hand.

Pragyaparadha, eine unausgewogene Handlung, ist – wie wir gesehen haben – die eigentliche Ursache für viele Störungen. Unausgewogen handelt man aus Unwissenheit, mangelnder Zurückhaltung oder Vergesslichkeit, aus Gründen also, die auf Rajas und Tamas sowie einen Mangel an Sattva zurückzuführen sind. Ohne Sattva vermag man nicht zwischen dem ewig Beseelten und dem sinnenhaften, vergänglichen Unbeseelten zu unter-

scheiden. Sattva ist der reine Intellekt oder Buddhi, der von Natur aus das Rechte erkennt und uns somit hilft, auch das Rechte zu tun (Sariasthanam, I, 98–102).

Zusammenfassend wollen wir festhalten, dass für ein langes und gesundes Leben also Voraussetzung ist, Sattva intensiv in sich aufzunehmen. Sattva geleitet uns zum ausgewogenen Handeln und schützt uns vor Pragyaparadha.

Die Bedeutung von Yoga und Sattva im Ayurveda

Sattva ist eine der drei Zustandsformen oder Eigenschaften des Geistes und sorgt für den Ausgleich zwischen Rajas (Tätigkeit und Bewegung) und Tamas (Untätigkeit und Unbeweglichkeit). Um das sechsdimensionale Gleichgewicht von Körper und Geist zu bewahren, müssen wir ausreichend Sattva in uns aufnehmen, bemüht sein, innere Ruhe zu finden, und Mitgefühl, Freundschaft, Freundlichkeit und Großzügigkeit beweisen.

Yoga-Methoden sind wichtig dazu, Sattva in unseren Alltag zu integrieren. Yogasanas, Pranayama und Japa führen uns zu Sattva und lassen uns innere Ruhe finden. Asanas sind Bestandteil der Schmerzbehandlung und Pranayama-Atemübungen werden in der mentalen und spirituellen Therapie leben.

Die Vorstellung vom Körper ist im Yoga und im Ayurveda gleich. Beide Disziplinen stützen sich auf den Samkhya-Ansatz, wonach der Körper heilig ist und in guter Verfassung gehalten werden muss. Für Yoga-Geübte ist ein gesunder Körper Voraussetzung für die Konzentrationsfähigkeit bei meditativen Übungen. Ziel des Yoga ist es, sich vom Kreislauf von Geburt und Tod zu befreien, während Ayurveda sich das allgemeine Wohlbefinden des Menschen zur Aufgabe macht und auf ein langes Leben in Glück und Gesundheit abzielt.

Der Rhythmus der Natur

Wir brauchen ein an der Natur ausgerichtetes Leben und wollen atmen können im Rhythmus von Sonne, Mond und Sternen, von Sommer und Winter, von Wald und See, Nord und Süd. Ein notwendiger Schritt in Richtung mehr Gesundheit besteht darin, unsere Umwelt wie uns selbst zu erkennen und uns den immer währenden Wechselkräften des Universums anzupassen. Wir haben im Laufe dieses Buches gesehen, dass uns Ayurveda lehrt, uns selbst als Teil der Natur zu betrachten, und auf welche Weise Körper und Geist mit dem übrigen Universum verbunden sind. Das Universum ist ein selbstregulierendes Gesamtsystem: Die Sonne geht morgens langsam auf und abends ebenso allmählich unter, Jahreszeiten kommen und gehen, Blätter fallen und neue wachsen nach; alles in der Natur geschieht zu seiner Zeit und nichts ist willkürlich. Oftmals bekomme ich mit, dass besonders in westlichen Ländern viele Leute morgens direkt aus dem Bett springen, sich schnell duschen und ankleiden, um sofort mit ihrem Arbeitstag zu beginnen. Ein solches Verhalten verstößt jedoch gegen den Rhythmus der Natur, ist für den Körper ein Schock. Wie beim Wechsel von Tag und Nacht kommen auch im Körperrhythmus die Srotas, die Energiekanäle, abends langsam zur Ruhe, schließen sich des Nachts und öffnen sich am Morgen erst wieder allmählich. Folgen Sie diesem natürlichen Rhythmus, seien Sie gut zu Ihrem Körper und bringen Sie ihn nicht morgens schon abrupt durcheinander. Mit dem in diesem Buch beschriebenen einfachen Morgenprogramm (Sonnengruß mit Atemübung, heißes Wasser trinken usw.) bringen Sie Körper und Geist behutsam in den Rhythmus des neuen Tages und nehmen erst einmal Sattva in sich auf.

Erkrankungen und Beschwerden

Nach Ayurveda unterscheiden wir drei Arten von Erkrankungen:
• **Endogene Erkrankungen** sind auf ein Ungleichgewicht der Grundenergien Vata, Pitta und Kapha zurückzuführen.
• **Exogene Erkrankungen** werden durch externe Faktoren wie Giftstoffe, verschmutzte Luft, Parasiten, Bakterien oder Viren verursacht.
• **Psychische Erkrankungen** entstehen, wenn Wünsche unerfüllt bleiben und man mit Unerwünschtem konfrontiert wird.
Diese drei Krankheitsarten sind miteinander verbunden und bedingen sich gegenseitig. Ein Ungleichgewicht verursacht nicht nur die für eine gestörte Energie typischen endogenen Krankheitssymptome, sondern führt auch zu einer allgemeinen Schwächung des Körpers und seines Immunsystems, sodass der Organismus anfällig für exogene Erkrankungen wird. Ebenso können verschiedene endogene Erkrankungen, wenn sie nicht behandelt werden, auch psychische Erkrankungen auslösen oder verstärken. So mag es zum Beispiel bei einer anhaltenden Kapha-Störung, wenn die dafür typischen Symptome wie Schweregefühl, süßlicher Geschmack im Mund, übermäßige Speichelbildung, Bewegungsmangel oder zu langes Schlafen noch durch weitere Faktoren wie nass-kaltes Wetter verstärkt werden, unter Umständen zu Anzeichen einer Depression kommen. Ähnlich können infolge eines Vata-Ungleichgewichts Schlafstörungen auftreten, die ihrerseits in andere psychische Erkrankungen wie Nervosität, Fantasievorstellungen, geistige Verwirrung oder Trübung des Erinnerungsvermögens münden.
Umgekehrt beeinträchtigen psychische Erkrankungen auch die Grundenergien. Leidet zum Beispiel jemand unter Depressionen, so können daraus mit der Zeit auch Kapha-Störungen erwachsen. Wer sich ständig übertrieben Gedanken wegen unerfüllter Sehn-

süchte macht oder häufig belastenden Situationen gegenübersteht, zieht sich unter Umständen auch Vata-typische Schlaf-, Verdauungs- oder Menstruationsprobleme zu. Wessen Ärger unkontrollierbar groß geworden ist, der mag ebenfalls Probleme mit dem Verdauungsfeuer, der Leber oder der Bauchspeicheldrüse bekommen. Mit der Schwächung infolge einer durch ein Energieungleichgewicht verursachten Erkrankung sinkt auch das Energieniveau des Körpers; er wird dadurch anfälliger gegenüber von außen einwirkenden Bakterien, Viren oder Giftstoffen. Solche Verbindungen zwischen körperlichen und psychischen Erkrankungen beobachten wir recht häufig. Auf Grund meines Berufes werde ich überall regelmäßig von Leuten angesprochen, die mich mit Fragen zu ihren gesundheitlichen Problemen förmlich überschütten. Wenn ich daraufhin die Behandlungsmöglichkeiten erläutern will, zeigt sich oftmals, dass es sich dabei nur selten um eine einzelne Erkrankung handelt, sondern meist von einer ganzen Reihe von Beschwerden die Rede ist. Wenn ich zum Beispiel gegen die von einer Person zunächst erwähnte Krankheit eine bestimmte Arznei vorschlage, die mit Honig einzunehmen ist, dann stellt sich zum Beispiel heraus, dass die betreffende Person auch Diabetes hat und darum dieses Mittel nicht geeignet ist. Oder ein anderes Mittel, das mit Ghee einzunehmen ist, kommt nicht in Frage, weil die Person außerdem unter hohem Blutdruck leidet. Wie beim Schälen einer Zwiebel kommen auf diese Weise bei vielen Menschen die verschiedenen Erkrankungen erst nach und nach ans Licht.

Ayurvedische Therapie

Die ayurvedische Therapie setzt auf drei Ebenen gleichzeitig an:
• **Die rationale Therapie** besteht aus Arzneien, Übungen, Yogasanas und anderen Maßnahmen wie heißen Bädern, Einläufen u. a.

• **Die mentale Therapie** fördert die geistige Kraft und stärkt die Zuversicht in die baldige Genesung. Beides beschleunigt den Heilungsprozess, denn wenn wir krank sind und auch keine Zuversicht haben, greift die rationale Therapie viel langsamer. Die mentale Therapie sollte durch den Arzt oder von Freunden und Familienmitgliedern begleitet werden. Die erkrankte Person führt dabei zur geistigen Stärkung und Beschleunigung des Heilungsprozesses verschiedene Yoga- und Pranayama-Übungen durch.

• **Die spirituelle Therapie** ist in unserem Land weit verbreitet und besteht aus Beten, Japa, Tapa, Pilgerreisen und Segnungen durch verehrte Personen und Gegenstände. Hierdurch nehmen wir zusätzliche spirituelle Energie und mehr Sattva in uns auf und lenken diese auf den Heilungsprozess. Viele Menschen suchen bekannte Yogis und Sadhus auf, um sich segnen zu lassen, oder bringen für erkrankte Freunde und Familienmitglieder zeremonielle Asche aus berühmten Tempeln. Es ist ferner üblich, dass erkrankte Personen geloben, eine Pilgerreise zu unternehmen oder Spenden zu geben, wenn sie wieder gesund sind. All das fällt unter die Kategorie spirituelle Therapie.

Die spirituelle Therapie ist in Südeuropa noch lebendig geblieben, während sie in Nord- und Westeuropa weitgehend verschwunden ist; dort verlässt man sich so gut wie ausschließlich auf die rationale Therapie der konventionellen Medizin. Allerdings werden verschiedentlich auch spirituelle Therapien aus dem Osten angewendet, auf die Anhänger der ausschließlich rationalen Methoden jedoch herabschauen. Seit einiger Zeit setzt jedoch auch die konventionelle Medizin bei schweren und lebensgefährlichen Krankheiten Psychotherapie ein.

Die Bedeutung der dreidimensionalen Therapie. Ayurveda betrachtet den Körper, wie wir mehrfach gesehen haben, nicht als eine Maschine, so wie es in der konventionellen Medizin ge-

schieht. Dementsprechend wird der Heilungsprozess auch nicht als ein mechanischer Eingriff gesehen, mit dem der Arzt den Körper ausschließlich auf der rationalen Ebene instand setzt. In der Ayurveda-Therapeutik spielt der rationale Ansatz eine sehr große Rolle und ist entsprechend breit gefächert. Neben einer Vielzahl von Arzneien wird, wie vorn beschrieben, eine Reihe weiterer Maßnahmen eingesetzt, die unter anderem Heiß- und Kaltbäder, zahlreiche Reinigungsverfahren, Massage, Yoga-Übungen, Diät und spezielle Einnahmevarianten zur Vermeidung von Nebenwirkungen umfassen. Daneben ist es sehr wichtig, dass Patienten auch eine begleitende mentale Therapie erhalten, damit die geistige Energie ebenfalls auf den Heilungsprozess gerichtet werden kann. Schließlich sorgt die spirituelle Therapie mittels Japa und anderen Methoden für die notwendige innere Ruhe und lässt uns Energie in unserem Selbst oder der Seele finden. Auch diese Energie vermag den Heilungserfolg äußerst wirkungsvoll zu unterstützen.

Einige neuere Formen der spirituellen Therapie wie *Prana-Heilung, Geistheilung* oder *Reiki* sind in Wirklichkeit aus traditionellen oder schamanistischen Methoden abgeleitet. Manche Leute sind von derartigen Dingen schnell fasziniert und wollen dann ausschließlich diese eine Methode anwenden, lassen dabei jedoch die rationale und mentale Therapie vollkommen außer Acht. Ein solches Vorgehen ist gefährlich und kann die Krankheit unter Umständen sogar noch verschlimmern. Bei der Behandlung sollte die rationale Therapie immer im Vordergrund stehen; sie muss aber von den beiden anderen Therapieformen begleitet werden.

Die Vorstellung von Arznei im Ayurveda

Als Arznei gelten im Ayurveda sämtliche Substanzen, die unter bestimmten Umständen heilend wirken und das Energiegleich-

gewicht herstellen. Alles, was ein Ungleichgewicht bewirkt und zu einer Erkrankung führt, ist dagegen schädlich. Dabei kann ein und dieselbe Substanz für den einen Menschen mit einem bestimmten Krankheitsbild ein Heilmittel sein, für einen anderen dagegen ein Giftstoff. Wenn man zum Beispiel zu lange in der prallen Sonne war und viel hat schwitzen müssen, tun oft Füße und Beine weh. Dagegen hilft ein viertel Teelöffel Stein- oder normales Salz, in Wasser gelöst, mit etwas Zitronensaft und Kandiszucker. Für jemanden mit hohem Blutdruck oder Symptomen einer Pitta- bzw. Kapha-Störung wäre diese Salzlösung allerdings abträglich. Ein Heilmittel kann auch etwas ganz Einfaches sein wie kalte Milch oder Nelken mit Rosinen gegen einen sauren Magen. Überhaupt verwendet die indische Alltagsküche tausendfach sehr einfache Heilmittel aus Gewürzen und Kräutern. Auch heißes Wasser wird vielseitig vorbeugend und heilend eingesetzt; es hilft bei übermäßigem Durst oder gegen einen trockenen Hals und man sollte es, wie erwähnt, jeden Morgen trinken. Deshalb seien an dieser Stelle die Wirkungseigenschaften von heißem Wasser erläutert.

Die Bedeutung von heißem Wasser

Morgens heißes Wasser zu trinken ist außerordentlich wichtig für ein langes, gesundes Leben. Es öffnet vorsichtig die Energiekanäle, Srotas, und reinigt das Verdauungssystem. Tee oder andere heiße Getränke haben nicht dieselbe Wirkung; sie beschäftigen den Verdauungtrakt bereits mit Arbeit, während das Wasser ihn lediglich spült. Bevor wir also unseren Körper arbeiten lassen, wecken wir ihn sanft und bereiten ihn sorgfältig auf seine Aufgaben vor. Wasser, auf nüchternen Magen getrunken, reinigt ferner die Harn- und Verdauungswege und sorgt für eine regelmäßige Verdauung.

Heißes Wasser, morgens regelmäßig getrunken, ist ein gutes Mittel gegen Verdauungsbeschwerden. Ayurveda legt besonderen Wert auf eine regelmäßige Verdauung, denn im Körper verbleibendes Mala (Verunreinigungen und Exkremente) verrottet sehr schnell und verunreinigt das Körperinnere. Wer häufig Probleme mit der Verdauung bekommt, leidet oftmals auch unter Schlafproblemen, Allergien und Hautkrankheiten. Denn Körper und Geist bilden eine Einheit, und auch wenn nur ein Teil verunreinigt ist, so sind hiervon gleich alle anderen körperlichen und geistigen Funktionen mit betroffen. Eine solche Verunreinigung überträgt sich somit auch auf den Blutkreislauf, über den sich dann Allergien und Hautkrankheiten ausbreiten. Ferner lassen Verunreinigungen im Körperinneren unseren Geist unruhig werden und dies wiederum führt zu schlechtem Schlaf und Albträumen. In Ayurveda-Begriffen gesprochen führt unregelmäßige Verdauung zu Vata Vikriti und der Schlaf als eine Vata-Funktion wird daher ebenfalls beeinträchtigt. An anderer Stelle habe ich bereits ausgeführt, dass in der heutigen Zeit Vata-störende Faktoren besonders häufig auftreten. Viel Hektik, wenig frisch zubereitetes Essen, beruflicher Stress und manch andere Faktoren beeinträchtigen alle Vata. Da heißes Wasser gestörtes Vata beruhigt, liegt hierin ein weiterer Grund dafür, warum uns heißes Wasser am Morgen hilft, die körperliche und geistige Balance für den Tag zu finden.

Aber auch zu anderen Tageszeiten hilft es gegen Vata-Störungen. Trinken Sie deshalb ein Glas heißes Wasser, am besten Kardamomwasser, auch in folgenden Situationen:

• Unruhegefühl und schlechte Konzentrationsfähigkeit.
• Müdigkeit und Gähnen.
• Magenschmerzen und Völlegefühl.
• Nachts aufwachen und nicht wieder einschlafen können.
• Falls Symptome einer Vata-Störung häufig auftreten, zur Flüssigkeitsaufnahme immer heißes Wasser trinken.

Komplexe Arzneimittel für weniger häufige Krankheiten setzen sich zum Teil aus seltenen Pflanzen aus dem oberen Himalaja, Iran, Italien oder anderen Teilen der Welt zusammen, können verschiedene Mineralien, besondere Bhasmas (Asche) aus Metallen und Steinen aufweisen oder auch seltene Substanzen enthalten, die von Tieren stammen. Neben dem eigenen Fundus an indischen Kräutern und Mineralien werden für die vielfältigen Ayurveda-Arzneien zahlreiche Zutaten aus allen Teilen der Welt importiert.

Die ayurvedische Arzneimittelkunde basiert auf dem im ersten Kapitel beschriebenen Rasa-Ansatz und zielt vor allem darauf ab, dass alle Arzneien in sich ausgewogen sind und ein Gleichgewicht aufweisen. Bereitet man zum Beispiel ein Mittel für eine schwache Leber zu, so ist dies gewöhnlich bitter; das bittere Rasa gleicht man dann mit scharfem Rasa aus, andernfalls können nämlich als Nebenwirkung Vata-Störungen auftreten. Eine bei Husten und Erkältung sowie gegen Schleimbildung in den Atemwegen traditionell verwendete Arznei ist das in Kapitel 9 beschriebene Sitopaladi. Dieses Mittel enthält unter anderem langen Pfeffer (Pippali), der seiner ayurvedischen Natur nach heiß ist. Wir benötigen nämlich etwas sehr »Heißes«, das den Schleim, ein typisches Kapha-Problem, lösen kann. Um daraus ein ausgeglichenes Mittel zu machen und Nebenwirkungen auszuschalten, geben wir noch Kandiszucker (Mishari) und Kardamom hinzu.

Wir sehen also, dass Ayurveda ein sehr komplexes System der Gesundheitspflege und Heilkunde darstellt. Dies ist das Ergebnis einer intensiven und umfangreichen Forschungsarbeit über die Funktionsweise der Natur, die man über Jahrtausende fort entwickelt hat. Es ist daher wirklich an der Zeit, dieses kostbare Kulturerbe endlich gezielt zum Vorteil der Menschheit zu nutzen.

211

Viele Leute meinen, Arzneimittel auf pflanzlicher Basis bzw. aus natürlichen Substanzen hätten grundsätzlich keine Nebenwirkungen. Dies ist völlig falsch. Die Dhatura zum Beispiel, die in Indien häufig vorkommt und deren Blüten dem Gott Shiva dargeboten werden, ist wie viele andere Pflanzen äußerst giftig. Sie findet in einigen ayurvedischen Arzneien Verwendung; die tägliche Dosis darf aber 50 mg nicht überschreiten, denn höhere Dosen könnten für Augen und Herz schädlich sein oder auch zu Gedächtnisverlust führen. In einzelnen Fällen hatten häufige Überdosen dieses Mittels zur Folge, dass Menschen sogar ihren eigenen Namen vergaßen. Allerdings handelt es sich hierbei um eine Pflanze mit sehr extremen Eigenschaften. Mit diesen Beispielen möchte ich verdeutlichen, wie systematisch und fundiert die Ayurveda-Heilkunde jede einzelne Arznei in ihrer gesamten Wirkungsbreite analysiert und daraus gezielte Dosierungs- und Einnahmevorschriften ableitet.

Um ayurvedische Arzneimittel richtig verstehen und anwenden zu können, ist ein genaues Studium des gesamten Fachgebietes erforderlich. Seit Urzeiten schon werden diese Heilmittel erfolgreich eingesetzt und Tierversuche sind hierfür nicht erforderlich. Dies wäre nicht nur reine Geldverschwendung, sondern würde auch einen Mangel an Vertrauen in unsere traditionellen Pflege- und Heilverfahren zum Ausdruck bringen.

Verschiedentlich ist zu beobachten, dass sich in moderner Medizin ausgebildete Wissenschaftler und Ärzte zwar für Ayurveda interessieren, allerdings nicht die für ein tieferes Verständnis erforderliche Zeit zum Studium der Ayurveda-Lehre aufbringen. Um ihre Unkenntnis zu verbergen, qualifizieren manche Ayurveda dann als zu kompliziert oder unwissenschaftlich ab. Andere wiederum zeigen sich von der Lehre derartig fasziniert, dass sie alles, was sie bisher gemacht haben, über Bord werfen und ihr Leben ganz dem Studium und der Weiterentwicklung des Ayur-

veda widmen. Zur ersten Gruppe gehörte ein Professor, von dem ich in Delhi einmal einen Vortrag über seine klinischen Versuche mit pflanzlichen Arzneien hörte. Er begann seine Präsentation mit einem Diabild, auf dem Gott Hanuman einen kleinen Hügel trug, und führte dazu aus, wenn schon ein Gott die Sanjivani-Pflanze nicht erkennen könne und er deshalb einen Hügel schleppen müsse, wie könnten wir Menschen es? Dieser ältere Herr mit mehreren ausländischen Universitätsabschlüssen schlussfolgerte, Ayurveda sei zu kompliziert. Viele Leser werden das Ramayana-Epos kennen, aus dem diese Geschichte stammt. Hanuman war für seine übernatürlichen Kräfte wie für seine große Körperkraft bekannt, aber eben kein Ayurveda-Arzt. Als Lakshaman während des Kriegs zwischen Rama und Ravana ohnmächtig wurde, rief man den Vaidya Sushen, der genau wusste, mit welcher Pflanze Lakshaman sein Bewusstsein wiedererlangen könnte, wo sie zu finden wäre, wie daraus die Medizin zu gewinnen und wie diese zu verabreichen wäre. Und wir wissen natürlich alle, dass Sushen mit seinem Ayurveda-Wissen Lakshaman tatsächlich wieder zu Bewusstsein kommen ließ. Gott Hanuman half ihm mit seinen übernatürlichen Kräften, das rechte Kraut zu besorgen, doch Ayurveda war seine Sache nicht.

Tausende ayurvedischer Heilmittel werden seit alters her überall in Indien verwendet. Ich bezeichne es gern als »Großmutters Tradition«, wenn erfahrene, ältere Personen in der Familie oder der Dorfgemeinschaft die Geheimnisse der Arzneien gegen Alltagsbeschwerden und ihre Kenntnisse über begleitende Heilmaßnahmen in der Ernährung oder durch körperliche und geistige Übungen weitergaben. Vaidyas oder Ayurveda-Ärzte nahmen sich der schwereren Krankheiten an, die einfache Leute nicht behandeln konnten. Ein traditioneller Vaidya ist geübt darin, die gebräuchlichen Heilpflanzen zu finden und zu sammeln; er stellt nicht nur Pulver, Extrakte und Arzneimischungen selbst her, son-

dern kann auch zugekaufte Substanzen anhand ihres Geruchs, Geschmacks oder anderer Eigenschaften identifizieren. Im Zuge der schnellen Modernisierung drohen viele der traditionellen Kenntnisse und Verfahrensweisen jedoch verloren zu gehen. Damit dies nicht geschieht, müssen wir den Umgang mit dem alten Wissen systematisieren und mittels moderner Methoden verbreiten. Dazu sollten Ayurveda-Experten ein Standardisierungsprogramm durchführen und das so vereinheitlichte Arzneiwissen den Menschen in einfacher und präziser Form nahe bringen. Dies muss auch andere Bereiche des Ayurveda wie zum Beispiel die begleitenden Ernährungs- und Verhaltensmaßregeln umfassen. Ein wichtiger Schritt in diese Richtung wäre die Aufnahme von Ayurveda in die Lehrpläne unserer Schulen und medizinischen Fakultäten.

Vitamine und Mineralien

Oft werde ich über die Bedeutung von Mineralien und Vitaminen im Ayurveda befragt. Die Antwort ist recht einfach. Bei der Vielzahl der unterschiedlichen Substanzen, die wir im Rahmen vom Ayurveda einnehmen, insbesondere Rasayanas, ist ein Mangel an Vitaminen und Mineralien schlechterdings nicht möglich. Darüber hinaus werden bei Mangelerscheinungen besondere Arzneien und Diäten verordnet. Die isolierte Einnahme einzelner chemischer Substanzen zu diesem Zweck ist unter ayurvedischen Gesichtspunkten nicht ratsam. Daher empfiehlt sich zum Beispiel bei Mangel an Eisen und Vitamin C die Einnahme von Amala, während man bei Kalziummangel mehr Käse und andere Milchprodukte essen sowie verstärkt Sesamkörner und -öl verwenden sollte. Die ausschließliche Einnahme einzelner Vitamine – wie es die konventionelle Medizin empfiehlt – würde den Stoffwechsel einseitig anregen und aus Sicht des Ayurveda Pitta und Vata beeinträchtigen.

214

Ist Ayurveda teuer?

Ayurveda ist in den letzten Jahren in westlichen Ländern sehr populär geworden und man sieht vielerorts Angebote für Ayurveda-Anwendungen, am häufigsten Massagen. Oftmals wird dabei Ayurveda in einem sehr eingeschränkten Sinne verstanden wie in einem Inserat, das ich einmal in Deutschland entdeckte und auf dem etwa Folgendes zu lesen war: »AYURVEDA – Gönnen Sie sich die Schönheits- und Verjüngungskur der Maharadschas. Jetzt können Sie Behandlungen genießen, die sich früher nur ein Maharadscha leisten konnte.«

Dies vermittelt in der Tat eine falsche Vorstellung von Ayurveda. Wie schon der Name besagt, ist Ayurveda eine umfassende Lebenskunde und als solche fester Bestandteil der Alltagskultur in Indien. Wenn eine Hausfrau Joghurt mit geröstetem Kümmel oder Dal (Linsen) mit Knoblauch zubereitet, dann ist das Ayurveda. Neulich fragte ich im Lebensmittelgeschäft bei mir um die Ecke nach Erdnüssen. Der junge Sohn des Besitzers, der gerade aushalf, erkundigte sich daraufhin, warum ich bei dieser Hitze Erdnüsse essen wollte. Auch das ist Ayurveda. Wenn man einen Pickel im Gesicht hat und Mutter oder Tante sagt, man sollte ein paar Neem-Blätter oder Karelas (Bitter Gourd) essen, so ist dies gleichfalls angewandtes Ayurveda-Alltagswissen. Ayurveda leitet dazu an, wie man die richtigen Voraussetzungen für ein langes und gesundes Leben schafft, wie man sich am besten regeneriert und wie man Krankheiten vermeidet oder heilt. Mit hunderterlei ganz einfachen Dingen, die wir in unserer Umgebung finden und die kaum etwas kosten, können wir uns stärken und unsere Energie verbessern. Sie fühlen sich abgespannt? Wir haben genügend Erfrischendes in der Küche: Nehmen Sie eine Zeit lang täglich einen halben Teelöffel Kreuzkümmelpulver, einen Tee mit großem Kardamom, Zimt und Nelken oder einen Tee mit Basilikum (Tulsi), Ingwer, Pfeffer und kleinem Kardamom.

Ein weiteres Kennzeichen von Ayurveda ist, dass eine bestimmte Arznei aus vielleicht dreißig einzelnen Bestandteilen zusammengesetzt sein kann, von denen einige womöglich aus dem Himalaya und andere aus Italien, Griechenland oder der Türkei kommen; dies mag dann die Arznei relativ teuer machen.

Um auf die »Maharadscha-Kur« zurückzukommen, so ist es natürlich nicht richtig, dass sich in früheren Zeiten nur Maharadschas Massageanwendungen leisten konnten. Das Wichtigste dabei ist das richtige Massageöl, das dem Körper Kraft verleiht und ihn abhärtet. In Kapitel 8 haben wir gesehen, wie man es selbst zusammenstellen kann. Als ich ein Kind war, kam jeden Morgen ein Masseur-Ehepaar ins Haus und in unserer Großfamilie kam jeder alle drei oder vier Tage an die Reihe. Massagen sind also durchaus Bestandteil des normalen Familienalltags.

Gesundheit und Lebensfreude im Ayurveda

Auch der Begriff Gesundheit umfasst im Ayurveda viel mehr als nur das ordentliche Funktionieren von Organen. Gesundheit bedeutet vielmehr allgemeines Wohlbefinden mit einem hohen Niveau an geistiger und körperlicher Energie, großer Widerstandsfähigkeit und geringer Anfälligkeit gegenüber Krankheiten, Alterungs- und anderen negativen Erscheinungen. Die Vorbeugung gegen Alterungsprozesse und die Regeneration im Sinne eines höheren Energieniveaus und stärkeren Immunsystems sind ebenfalls wichtige Bereiche des Ayurveda. Jeder Mensch sollte stets bemüht sein, sich intensiv um seine Gesundheit zu kümmern, auch wenn er nicht krank ist, denn gerade der generellen Vorsorge gegenüber alltäglichen Erkrankungen und Beschwerden kommt im Ayurveda allergrößte Bedeutung zu.

Auch auf das menschliche Glück legt Ayurveda großen Wert. Hierfür wird seit Shushruta der Begriff »Prasannachitta« (Glücklichsein) gebraucht. Der Gelehrte stellte heraus, dass die Empfindung inneren Glücks und innerer Freude für die Gesundheit und den Heilungsprozess eine große Rolle spielen. Ein ähnlicher Ansatz war auch im alten Griechenland schon weit verbreitet; dort wurden regelrechte Kurzentren mit Musik, Theater und anderen Unterhaltungseinrichtungen zur Unterstützung des Heilungsprozesses errichtet.

Nach Ayurveda liegt eine wesentliche Ursache für viele Erkrankungen im Gefühl von Unzufriedenheit, einem geistigen Tamas-Zustand, der unser Ojas beeinträchtigt und den Körper schwächt. Menschen, die zu Unzufriedenheit neigen, sehen oft abgespannt und ungesund aus. Sie altern schneller und wenn sie krank werden, dauert der Heilungsprozess länger. Für die Gesundheit ist es darum wichtig, alles daranzusetzen, sich glücklich und zufrieden fühlen zu können. Man sollte sich daher bescheiden und in schwierigen Zeiten immer daran denken, dass die Dinge eigentlich noch viel schlimmer hätten kommen können.

Die ayurvedische Gesundheitspflege ist mitnichten mit Tränen verbunden; im Gegenteil, Ayurveda kennt viele Geheimnisse des sexuellen Vergnügens und der Gaumenfreuden. In den alten Texten finden sich auch vielerlei Hinweise zu Wein, Bier und anderen alkoholischen Getränken; auf traditionelle Art werden diese Getränke jedoch nicht mehr hergestellt und es scheint, als sei dieses Wissen unwiederbringlich verloren. Nach Ayurveda ist der mäßige Genuss von gutem Wein und Bier durchaus angebracht, solange man dazu etwas isst und nicht zu viel oder auf nüchternen Magen trinkt. Zu Zeiten Charakas gab es in Indien keinen Tabak; man rauchte daher andere Pflanzenprodukte und Ayurveda empfahl das gelegentliche zeremonielle Rauchen zum Zwecke der Entspannung.

Wie im ersten Kapitel des Buches erwähnt, befasst sich eine der acht Disziplinen des Ayurveda mit dem Komplex Männlichkeit, Sexualität und Fruchtbarkeit. Es gibt vielfältige Methoden zur Steigerung der sexuellen Energie mit Hilfe unterschiedlich wirkender Aphrodisiaka. Einige Mittel zum Beispiel erhöhen die Absonderung von Sexualsekreten, andere verstärken das Verlangen und die Spannkraft, eine dritte Gruppe schließlich fördert die Potenz. Darüber hinaus gibt es Methoden, die die sexuelle Erregung beim Mann verlängern und bei der Frau beschleunigen, sodass beide Partner beim Geschlechtsakt besser koordiniert werden, und solche zur Behandlung von Impotenz und anderen sexuellen Problemen. Einige dieser Mittel und Verfahren habe in meinen Büchern *Ayurveda: Der sanfte Weg zu innerer Harmonie* und *Kamasutra für Frauen* beschrieben.

Einige Beispiele aus der Ayurveda-Praxis

Krankheiten, Vyadhi, gehören zum normalen Alltag, und jeder von uns benötigt gelegentlich ärztliche Hilfe. Nach Ayurveda reichen die natürlichen Selbstheilungskräfte des Körpers bei nicht zu schweren, heilbaren Erkrankungen aus; die Funktion des Arztes und von Arzneimitteln liegt dann darin, die Heilung zu beschleunigen und die Krankheitsbeschwerden für den Patienten zu lindern. Heilung ist daher ein allmählicher Prozess und die Behandlung hat zum Ziel, etwaige Infektionen zu kurieren und das Energiegleichgewicht wieder herzustellen (Zustand des Prakriti), nicht die Symptome zu unterdrücken wie mit konventionellen Medikamenten oder in der Alchemie. Schauen wir uns zum Beispiel eine leichte Alltagserkrankung wie eine gewöhnliche Erkältung an, so versprechen konventionelle Medikamente schnelle Abhilfe; die Gefahr dabei ist jedoch, dass sich Schleim

in den Nebenhöhlen ansammelt oder die Infektion dort festsetzt und es deshalb zu wiederholten Erkältungsattacken kommt. Unter ayurvedischen Gesichtspunkten sollten jedoch Methoden vorgezogen werden, die den Schleim gründlich entfernen: Aus diesem Grunde empfehlen sich Heißanwendungen, Inhalationen, die Einnahme von seiner ayurvedischen Natur nach heißem Tee und Erkältungsmittel mit Kichererbsenmehl. Diese Maßnahmen entfernen den vorhandenen Schleim und verhindern, dass sich neuer bildet. Darüber hinaus fühlen Sie sich hinterher gesund und nicht geschwächt.

Die ayurvedische Heilbehandlung erlebt man ganz anders als eine Behandlung mit den Methoden der konventionelle Medizin, nach der ein Energieungleichgewicht zurückbleibt und man sich erschöpft fühlt. Viele traditionell orientierte Menschen in Indien, die sich selten konventionell-medizinisch behandeln lassen, klagen darüber, dass moderne Medikamente zu Vata- und Pitta-Störungen führen. Ferner kann eine Reihe moderner Präparate gegen hohen Blutdruck, Schlafstörungen oder neurologische Erkrankungen ein Kapha-Ungleichgewicht zur Folge haben. Dies ist auch der Grund dafür, warum bei langfristigen Behandlungen mit konventionellen Methoden oftmals nach und nach andere Erkrankungen hinzukommen und viele Patienten nicht wieder vollständig gesund werden. Die Bedeutung ayurvedischer Heilverfahren liegt gerade darin, dass gleichzeitig mit der Behandlung einer Krankheit der Organismus auch gereinigt und wieder ins Gleichgewicht gebracht wird, danach also keine weiteren Komplikationen zurückbleiben oder womöglich neue Erkrankungen hinzugekommen sind.

Meine eigene Erfahrung und die Erfolge anderer Ayurveda-Ärzte können hierfür interessante Beispiele liefern, denn zahlreiche Erkrankungen, für die Ayurveda einen reichen Fundus an bewährten Heilverfahren bietet, können von der modernen Medi-

zin nicht erfolgreich behandelt werden. Ich möchte damit das moderne medizinische System nicht verdammen, verfügt es doch über ausgezeichnete Diagnosegeräte sowie eine hervorragende Notfallmedizin; auch die moderne Chirurgie ist außerordentlich erfolgreich, wohingegen die ursprünglichen Methoden der Ayurveda-Chirurgie verloren gegangen sind. Im Blickpunkt meiner Kritik ist jedoch der übermäßige und undifferenzierte Einsatz von Medikamenten. Für die Behandlung vieler leichter Alltagserkrankungen sind sie nicht nur überflüssig, sondern belasten darüber hinaus noch unseren Organismus auf unnötige Weise.

Fieber in Delhi

Wie bereits erwähnt, verbringe ich einen Teil des Jahres in Delhi, einer Region mit einer sehr hohen Luftverschmutzung. Fieber ist hier ein häufiges Phänomen und bei Wetterumschwung sowie während des Monsuns wird vielleicht jeder dritte vom so genannten Virusfieber befallen. Die meisten gehen in solchen Fällen zum Arzt, um sich Antibiotika und schmerzstillende Medikamente verordnen zu lassen. Jedes Jahr treten neue oder resistent gewordene Viren auf, die jeweils spezielle Symptome verursachen. Vor etwa vier Jahren erlitt ich zu Beginn des Winters eine besonders schlimme Virusattacke und bekam hohes, hartnäckiges Fieber, das ich mit meinen bitteren Kräutermischungen und Fiebertees nicht in den Griff bekommen konnte. Ein Hausangestellter war sehr beunruhigt und besorgte mir analgetische Mittel, die ich jedoch nicht einnahm. Trotz meiner eigenen Behandlungsmittel war das Fieber schon drei Tage lang über 40° C geblieben und ich wusste nicht, was ich sonst noch tun sollte. Zu dieser Zeit stand mir noch keine besondere Ayurveda-Arznei gegen Fieber zur

Verfügung. Stattdessen machte ich spirituelle Übungen und im Zusammenwirken von Mantras und Fieber kam mir die richtige Eingebung: Die Arznei, die ich brauche, ist Giloye (Guduchi in Sanskrit bzw. lateinisch *Tinospora cardifolia*). Govind, mein Hausangestellter aus einem Dorf in Bihar, kannte ein solches Giloye-Rezept. Er kochte den Stängel der Pflanze in Wasser aus, gab dem Aufguss etwas Zucker hinzu, der den bitteren Geschmack überdeckte, und ließ mich ein Glas davon trinken. Innerhalb von drei, vier Stunden sank das Fieber tatsächlich auf etwas über Normaltemperatur und ich fühlte mich erheblich besser. Nach dem zweiten Glas am nächsten Tag verschwand das Fieber vollständig und ich war wieder ganz gesund.

Ich fragte den jungen Mann, woher er die Zubereitung dieser Arznei kannte, und er erklärte mir, dass das Mittel in seinem Dorf häufig als Rasayana genommen wird.

Die Geschichte ist vor allem deshalb interessant, weil in den darauf folgenden Wochen viele Leute über dieses schlimme Virus sprachen, das ein sehr hohes Fieber verursache und dem mit den üblichen modernen Medikamenten nicht beizukommen sei.

Giloye ist eine äußerst schnell wachsende Kletterpflanze, die anderen Pflanzen in ihrer Umgebung die Nährstoffe nimmt, sodass diese nur noch schlecht wachsen oder ganz eingehen. Aus diesem Grund wollte ich sie auch aus meinem Garten entfernen lassen; dazu wurde die Pflanze am Boden abgeschnitten und über die beiden Stockwerke des Hauses von der Hauswand entfernt. Einige Teile blieben jedoch am oberen Stockwerk hängen. Die Pflanze trocknete zwar aus, ging aber offensichtlich nicht ein, denn in der Regenzeit wuchsen von oben feine Wurzeln wie Seidenfäden auf der Suche nach Nahrung zu Boden und der in der Luft hängende Stängel trieb neue Blätter. Augenscheinlich war die Pflanze in der Lage, während dieser Jahreszeit ausreichend Nährstoffe aus der feuchten Luft aufzunehmen.

Mit dieser Geschichte möchte ich verdeutlichen, wie kraftvoll die Natur ist und wie weise unsere Ahnen waren, als sie in der Vielfalt natürlicher Phänomene die Einheitlichkeit des Universums entdeckten. In der Natur kommen Tausende Pflanzen wie diese vor, die uns alle in unterschiedlichster Weise von Nutzen sein können; sie sind in der Lage, uns Gesundheit und Glück zu bringen.

Geisteskraft und Kreativität

In den letzten Jahren war in indischen Medien oft die Rede davon, dass Wissenschaftler eine Tablette mit Brahmi-Extrakten zur Verbesserung des Gedächtnisses entwickelt hätten. Dabei ist Brahmi *(Cintella asiatica)* im Ayurveda seit alters her als eine Pflanze bekannt, die die Geisteskraft stärkt. Es ist paradox, dass gerade in Indien das eigene uralte Wissen jetzt als Neuentdeckung der modernen Medizin gefeiert werden sollte. Was die alten Schriftgelehrten vor Jahrtausenden über die wunderbaren Eigenschaften der Brahmi-Pflanze für uns niederlegten, bedarf keiner erneuten wissenschaftlichen Bestätigung mehr durch moderne Geräte und Laborversuche mit Tieren.

Die Ayurveda-Heilkunde kennt eine ganze Reihe von Pflanzen, die die geistigen Kräfte fördern und das Gehirn regenerieren. Sie verbessern nicht nur das Gedächtnis, sondern stärken auch die Konzentrationsfähigkeit und die Kreativität. In mehrjähriger Forschungsarbeit habe ich daraus einige Mittel zur Hirnregeneration entwickelt, die verschiedene Hirnfunktionen verbessern. Eine der dabei verwendeten Pflanzen gehört zur Familie der Lavendelgewächse und kommt aus dem Iran; sie wird »Hirnbesen« genannt, ein amüsanter Name, hinter dem sich jedoch ein großartiger pharmakologischer Effekt verbirgt. Das Mittel ist

besonders für Personen geeignet, die ein Schweregefühl im Kopf verspüren und gemäß Ayurveda eine Kapha-Störung im Kopfbereich haben. Bei Einnahme dieses Mittels nehmen Patienten tatsächlich ›merkwürdige Geräusche und Bewegungen‹ im Kopf wahr; daher auch der Name. Die Wirkung der Pflanze beruht auf ihrem reinigenden Effekt: Sie befreit den Kopfbereich von überschüssigem Kapha, das die Hirntätigkeit blockiert.

Meinen Erfahrungen nach können hirnregenerierende Mittel auch bei einigen Nervenkrankheiten und neurologischen Störungen eingesetzt werden. Indem sie nämlich die allgemeine Hirntätigkeit fördern, beseitigen diese Mittel die generelle Schwächung des Organs, die in vielen Fällen Ursache derartiger Störungen ist.

Darüber hinaus fördern hirnregenerierende Mittel auch die Lernfähigkeit und machen die Kopfarbeit effektiver.

Mittel gegen Arthritis

Arthritis ist eine Kapha-Erkrankung, rheumatische Arthritis eine Vata-Kapha-Erkrankung. Beides können wir mit ayurvedischen Heilverfahren auch sehr kostengünstig behandeln. Wie wir im Laufe dieses Buches jedoch erfahren haben, setzt die ganzheitliche Behandlungsweise nach Ayurveda auch eine Änderung der bisherigen Denk- und Lebensweise des Patienten voraus. Diese beiden Bereiche sind äußerst wichtig, denn wir können mit ihrer Hilfe wieder gesund werden, so wie es zuvor möglicherweise durch sie erst zur Erkrankung gekommen ist. Ich habe einige fortgeschrittene, schwere Fälle von Arthritis beobachtet, die von Arya Vaidya Sala in Kottakkal, Kerala, geheilt wurden. Dieses Institut hat jetzt auch ein Zentrum in Delhi eröffnet.

Behandlung von Unfruchtbarkeit

Unfruchtbarkeit kann auf die verschiedensten Ursachen zurückgehen und nicht alle Fälle sind heilbar. Oftmals ist jedoch eine Behandlung mit ayurvedischen Reinigungsanwendungen und der Einnahme von Rasayanas sowie bestimmten Aphrodisiaka erfolgreich. Es gibt auch Aphrodisiaka, die Menge und Qualität des Spermas verbessern. Vata-Störungen können bei beiden Geschlechtern Unfruchtbarkeit verursachen; ferner behindern sie unter Umständen die Bildung eines Fötus und es ist daher möglich, dass Frauen auch bei künstlicher Befruchtung nicht empfangen können. Für die Behandlung von Vata-Ungleichgewichten kommen im Allgemeinen Massagen, Einläufe und Heißanwendungen wie Dampfbäder und Schwitzkuren in Frage.

Ich habe bei kompetenten Vaidyas zahlreiche erfolgreiche Behandlungen von Unfruchtbarkeit beobachtet und auch selbst einige Fälle mit einfachen Methoden behandeln können. Dabei ist zu beachten, dass viele Menschen sich erst dann Ayurveda oder anderen alternativen Behandlungsmöglichkeiten zuwenden, wenn alle Versuche mit konventionellen Methoden erfolglos geblieben sind und sie für unfruchtbar befunden wurden.

Behandlung von Höhenkrankheit

Auf einer Reise durch Ladakh fuhr ich einmal mit dem Bus über den Khardungla Pass, mit 5385 m der höchste Pass der Welt. Kurz vor Erreichen der Passhöhe mussten die Passagiere aussteigen und etwa hundert Meter zu Fuß gehen, da die Straße nicht mehr in Ordnung war. Wegen der Anstrengung in dieser Höhe wurde einem älteren Mann schlecht. Ich gab ihm ein Mittel aus Zitrone und einigen Gewürzen, das seinen Zustand sofort verbesserte,

und die neugierig gewordenen Mitreisenden wollten daraufhin wissen, welches Wundermittel ich ihm gegeben hätte. Es war nichts weiter als eingelegte Zitrone, ein Mittel, das neben Ajwain viele andere Gewürze enthält und früher in Indien weit verbreitet war. Ich hatte das alte Rezept untersucht und ihm einige weitere Zutaten gegen Magenverstimmung, Verdauungsschwierigkeiten und trockenen Hals hinzugefügt, alles Vata-Symptome, die auch bei der Höhenkrankheit auftreten.

So wie in diesem Beispiel gibt es in der Ayurveda-Heilkunde Hunderte einfache und leicht zuzubereitende Mittel, deren Zutaten fast überall erhältlich sind. Sie erlauben uns eine simple und kostengünstige Form der Selbstbehandlung ohne die schädlichen Nebenwirkungen chemischer Medikamente.

Vaidyas im modernen Indien

In Delhi kommen täglich etwa 200 Patienten in die Sprechstunde des Vaidya Brishaspati Dev Triguna in der Nähe vom Bahnhof Nizamudin. Er fühlt den Puls und erläutert dann die erkannten Probleme auf sehr dramatische Art. Immer wenn ich Hilfe benötige, gehe ich zu ihm. Ab und an treffe ich dort Patienten, die mir von ihren lebensbedrohenden Krankheiten erzählen, die Triguna Ji geheilt habe, und dass sie jetzt wieder ein mehr oder weniger normales Leben führen könnten. Triguna Ji und seine Familie arbeiten im traditionellen Vaidya-Stil, d. h., sie sind Arzt, Pharmakologe sowie Apotheker in einem und fertigen Arzneimittel selbst, die jeweils für den einzelnen Patienten zusammengestellt und dosiert werden.

In Indien gibt es überall zuverlässige und kompetente Vaidyas; doch auch an Quacksalbern herrscht kein Mangel. Man muss sich deshalb seinen Arzt immer sorgfältig aussuchen. Auch Cha-

raka hatte so seine Meinung von Scharlatanen und schrieb: *»Man wählt besser den Opfertod, als sich von einem unfähigen Arzt behandeln zu lassen.«* (Sutrasthana, IX, 15)

»Ein Arzt muss über folgende Eigenschaften verfügen: vorzügliche theoretische Kenntnis, umfangreiche praktische Erfahrung, Geschicklichkeit und Reinlichkeit. Nur derjenige Arzt ist gut, der die vier Bereiche Ursache, Symptome, Behandlungsmethode und Vorbeugung exzellent beherrscht.« (Sutrasthana, IX, 6, 19, 26)

»Ein Arzt muss sich seinen Patienten gegenüber freundlich und mitfühlend zeigen und darf nicht habgierig sein.« (Sutrasthana, IX, 9)

Wir müssen uns also unseren Arzt sehr genau aussuchen. Auf der anderen Seite sollten sich Patient und Patientin genau an die ärztlichen Anweisungen betreffend Arzneien, Ernährungsweise und allgemeine Verhaltensmaßregeln halten.

Die einzelnen Behandlungsschritte

Wir haben gesehen, dass wir mit Ayurveda viele Beschwerden und einfache Krankheiten selbst behandeln können. Da zahlreiche kleine, oft hartnäckige Erkrankungen ursächlich auf Energiestörungen zurückzuführen sind, verschwinden die Krankheitssymptome auch wieder, wenn wir das Energieungleichgewicht behandeln. Verdauungsschwierigkeiten, trockener Hals, unruhiger Schlaf und Nervosität zum Beispiel sind, wie mehrfach erwähnt, Symptome gestörten Vatas. Wenn wir auf Grund einer derartigen Erkrankung Maßnahmen ergreifen, die Vata wieder ins Gleichgewicht bringen, so behandeln wir damit automatisch sämtliche diesbezüglichen Symptome. Die Hauptaufgabe besteht also immer darin, unser Energiegleichgewicht zu wahren.

Sollte sich ein Behandlungserfolg trotzdem nicht einstellen, obwohl Sie alles unternommen haben, Ihre Grundenergien wieder in Balance zu bringen, so kann dies eine außenbestimmte Ursache haben oder eine sonstige krankhafte Veränderung im Körper bedeuten. In solchen Fällen ist die Hilfe eines kompetenten Arztes erforderlich, der ganzheitliche Heilmethoden anwendet. Über die eigentliche Behandlung hinaus müssen dabei bestimmte Ernährungs- und Verhaltensregeln beachtet werden. Während des Heilungsprozesses ist eine nahrhafte, leicht verdauliche Diät erforderlich und der Körper benötigt mehr Ruhe als sonst. Zur weiteren Unterstützung setzen Sie Ihre mentale und spirituelle Kraft mittels Yoga-Übungen wie Japa und Pranayama ein. Zuversicht und Vertrauen in die eigenen Heilungskräfte sind außerordentlich wichtig, denn Furcht bedeutet Tamas und das ist Gift für den Heilungsprozess; ein geistiger Sattva-Zustand ist dagegen förderlich für die Heilung. Vergessen Sie alle anderen Probleme und konzentrieren Sie Ihre mentale und spirituelle Energie darauf, den Körper zurückzuführen zum natürlichen, gesunden Zustand – dem Prakriti.

Eine dritte Kategorie umfasst schwere Krankheiten, Unfallverletzungen oder Vergiftungen, bei denen eine langwierige Behandlung zu erwarten ist. Bei solchen Erkrankungen sind deshalb sowohl Zuversicht als auch Geduld erforderlich und wie im vorigen Fall müssen wir alle geistigen und körperlichen Energien auf den Heilungsprozess konzentrieren. Bei langwierigen Erkrankungen wird man wahrscheinlich auch starke Arzneien einnehmen müssen, bei denen auch Nebenwirkungen zu erwarten sind. Sollten Sie in einem Krankenhaus mit konventionellen medizinischen Methoden behandelt werden, so bitten Sie den behandelnden Arzt, Ihnen weniger starke Mittel in möglichst geringer Dosierung zu verordnen. Setzen Sie dann Ihre Ayurveda-Kenntnisse ein, indem Sie verstärkt Heilkräuter

und Rasayanas einnehmen, die den Erholungsprozess beschleunigen.

Bedauerlicherweise gibt es auch Krankheiten, die kaum oder gar nicht heilbar sind. Sollten Sie davon betroffen sein, so versuchen Sie, sich oder Ihre Angehörigen nicht in eine Situation zu bringen, in der man weder lebt noch tot ist. Aus dem Gesichtspunkt des Ayurveda sollte man alles daransetzen, solche Patienten glücklich zu machen und ihnen alle Wünsche erfüllen. Sie sollten in einer angenehmen Atmosphäre weilen, um auf diese Weise einen guten Tod finden zu können.

Ein guter Tod zu seiner rechten Zeit

In der konventionellen Medizin existiert die Vorstellung eines ›guten Todes‹ nicht. Der Tod wird vielmehr als ein Versagen der medizinischen Disziplin betrachtet. In der Charaka Samhita hingegen finden sich umfangreiche Betrachtungen zum Tod. Mit den Traditionen verbundene Familien in Indien sehen es als sehr wichtig an, dass die letzten Lebensmomente in einem friedlichen Wohlgefühl erlebt werden. Ich erinnere mich an eine Geschichte, die sich vor etlichen Jahren zutrug. Eines Morgens kam mein Milchmann zu mir und suchte meinen Rat, was er für seinen schwerkranken Vaters tun könne. Sein Vater werde zwar in einem sehr teuren Krankenhaus behandelt, wolle dort jedoch nicht bleiben. Aus den Unterlagen, die der Milchmann mitgebracht hatte, konnte ich ersehen, dass der Vater an Kehlkopfkrebs litt, und schlug deshalb vor, ihn aus dem Krankenhaus nach Hause zu holen und ihm zu essen zu geben, was immer er wünschte. Im Grunde sollte die Familie versuchen, dem Vater Zufriedenheit zu geben, und ihm helfen, ein friedliches Ende zu finden. Die Familie brachte den Vater nach Hause und erfüllte ihm alle Wünsche,

die er äußerte, seine Beedies, die er immer geraucht hatte, und seine Lieblingsspeisen. Der Milchmann erzählte mir später, sein Vater fühle sich zu Hause viel besser als im Krankenhaus und sein Zustand habe sich gebessert. Der Vater lebte einige Monate länger, als die Ärzte gedacht hatten.

In der Charaka Samhita stellt Agnivesha dem hochwürdigen Atreya folgende Frage: »O Gott, wenn die Länge des Lebens der Menschen nicht vorbestimmt ist, wie kann man dann sagen, der Tod komme das eine Mal zur Unzeit, ein anderes Mal aber zu seiner rechten Zeit?«

Und der hochwürdige Atreya antwortete: »O Agnivesha, höre! Die Achse an einem Fuhrwerk, die über alle erforderlichen Eigenschaften verfügt, tut ihren normalen Dienst und funktioniert so lange, bis sie sich auf natürliche Weise abgenützt hat; ein menschlicher Körper, der über eine robuste Verfassung verfügt und ordentlich gepflegt wird, findet auf gleiche Weise sein Ende, wenn die natürliche Lebensdauer erreicht ist. Ein solcher Tod, so sagt man, kommt zu seiner rechten Zeit.

Die Achse mag aber auch unterwegs brechen, weil zu viel Gewicht geladen war, der Weg zu holprig oder gar nicht vorhanden, das Fuhrwerk beschädigt oder der Fuhrmann ungeeignet, weil ein Rad brach, sich ein Bolzen löste, Schmierfett fehlte oder alles zu sehr schwankte. Ebenso mag ein Leben ein vorzeitiges Ende finden, weil die Strapazen zu groß waren, die Kost nicht dem Agni entsprach oder Mahlzeiten nur unregelmäßig eingenommen wurden, man sich der Lust hingab, eine widernatürliche Körperhaltung oder Umgang mit schlechten Menschen pflegte, man nicht unterdrückbare Triebkräfte zu unterdrücken suchte und zu unterdrückende Triebkräfte nicht unterdrückte, der Körper von Organismen befallen oder schädlichem Wind und Feuer ausgesetzt war, ein Unfall geschah oder Nahrung und Heil-

mittel verweigert wurden. Ein solcher Tod, so sagt man, kommt zur Unzeit. Und ebenso zur Unzeit kommt ein Tod auf Grund von Fehlern bei auftretendem Fieber und in ähnlichen Fällen.«
(Vimanasthanam, III, 37–38)
Eine der Grundaussagen dieses Buches ist, dass wir stets bemüht sein sollten, unsere Gesundheit, innere Ruhe und Zufriedenheit zu bewahren. Ein Ziel des Lebens besteht auch darin, ein gutes und friedliches Ende zu finden. Um dies zu ermöglichen, müssen wir das Sattva-Denken zu unserem Alltag machen und vieles andere mehr. In besonderem Maße haben wir Zeit, Mühe und Mittel darauf zu verwenden, unsere Gesundheit zu pflegen und sie so lange wie möglich zu erhalten. Wir dürfen nicht vergessen, dass die oberste Priorität im Leben das Leben selbst ist, und wenn das vorüber ist, ist alles andere bedeutungslos geworden. Der erste Schritt für uns ist deshalb, dass wir uns intensiv um uns selbst kümmern und an unserem körperlichen und geistigen Wohlbefinden arbeiten. Der Körper ist der Tempel der Seele; ihn müssen wir rein und gesund halten.

OM SHANTI

Dank

Die vorliegende Abhandlung *Das Ayurveda-Programm für jeden Tag* ist das Ergebnis einer langjährigen Lehrerfahrung in Ayurveda als Lebensweg. Der in diesem Buch gesammelte Erfahrungsschatz gründet sich auf langjährige Studien ayurvedischer Heilverfahren aus der volkstümlichen Überlieferung wie aus dem klassischen Ayurveda und im Laufe meiner Lehrtätigkeit habe ich verschiedene neue Übungen hinzugefügt. Auf Grundlage der Prinzipien des Ayurveda habe ich einige neue Methoden entwickelt, die besonders für die Selbstanwendung geeignet sind, zum Beispiel diejenigen, die ich an Stelle von *Nasya*, dem klassischen Ayurveda-Verfahren zur Reinigung der Kopfregion, empfehle. Vielen meiner Studenten bin ich für ihr Feed-back ebenso zu Dank verpflichtet wie all denjenigen, die mir Datenmaterial verschiedener traditioneller Heilzentren zugänglich gemacht haben. Anhand der Gesundheitsprobleme, von denen Menschen häufig betroffen sind, konnte meinen Ayurveda-Programmen laufend neues Material hinzugefügt werden.

Unsere Vedas und die Charaka Samhita stellen einen ungeheuren Fundus an Lebensweisheit dar, der uns leiten kann, unsere Gesundheit zu erhalten und das seelische Gleichgewicht zu bewahren. Mein Guru Acharya Priya Vrat Sharma hat mit der Übersetzung und Herausgabe der vier Bände der Charaka Samhita eine große wissenschaftliche Leistung vollbracht und Dr. Satvelakars Übersetzung der Vedas ist ohne Parallele. Ich bin daher den alten Gelehrten und jenen unserer Zeit, die uns dieses

Wissen zugänglich gemacht haben, gleichermaßen zu Dank verpflichtet.

Mahendra Kulshreshtha bin ich außerordentlich dankbar für die sorgfältige Durchsicht des Manuskripts und seine wertvollen Hinweise.

Ebenso danke ich meinen Nichten und Neffen, die Modell gestanden haben. Die meisten Fotos in diesem Buch sind von Gayatri und Abhinav, Shruti und Pranav haben auch an diesem Projekt teilgenommen. Ich danke meiner ganzen Familie, die mir während der Arbeit an diesem Buch alle erdenkliche Hilfe und Unterstützung hat zukommen lassen.

Adressen

Kauf der aufgeführten Produkte

Die meisten in diesem Buch aufgeführten Produkte können in indischen Lebensmittelgeschäften gekauft werden, die inzwischen in allen größeren Städten zu finden sind. In kleineren Städten können sie vielfach in Reformhäusern, Apotheken oder Asia-Läden bestellt oder per Post geordert werden. Sie finden solche Adressen im Telefonbuch. Inder leben in der ganzen Welt und sie kochen meist auf traditionelle Weise. Sie können Ihnen immer Auskunft geben, woher sie ihre Lebensmittel beziehen. Sie können auch in indischen oder pakistanischen Restaurants nachfragen. In vielen Städten gibt es auch Indien-Institute oder eine Deutsch-Indische Gesellschaft, die Adressen weitergeben.
In Wien auf dem Naschmarkt und bei den im Folgenden aufgeführten Adressen erhalten Sie eine Vielzahl der aufgeführten Produkte.

Herr Hashim,
Haris Trading Company
Kaiserstr. 62–64,
Kaiser Passage 46–47
60329 Frankfurt
Tel.: 00 49-69-23 29 59
Fax: 00 49-69-23 75 95

Asien Bazar & Naturkost
Donnersbergerstr. 38
80634 München
Tel.: 00 49-89-13 17 03
Fax: 00 49-89-13 28 21

Sie brauchen nicht unbedingt fertige Ayurveda-Produkte zu kaufen wie zum Beispiel Massage-Öle, Tees etc., weil ihre Authentizität oft sehr zweifelhaft ist und sie in der Regel auch sehr teuer sind. Ich habe in diesem Buch viele Rezepte aufgeführt, wie Sie die Produkte selbst herstellen können, und finde es am besten, wenn Sie sich angewöhnen, die einzelnen Zutaten selbst zusammen zu bringen. Viel Spaß dabei!

Seminare, Vorträge, Ausbildung

Näheres zu Seminaren, Vorträgen, Einzelberatungen und zur Ausbildung für Charka Schule und Ayurveda von Frau Dr. Verma erfahren Sie unter folgenden Adressen:

The New Way Health Organisation NOW
A-130, Sector 26, Noida 201301, U.P., Indien
Tel.: 00 91-1 20-4 52 78 20 Fax: -4 55 23 68
vermayur@yahoo.com
vermayur@vsnl.com
www.ayurvedavv.com

In Deutschland:

Naturheilpraxis
Karin & Jakob Ritter
In den Fischermatten 1
D-79312 Emmendingen
Tel.: 00 49-76 41-93 50 96
Fax: 00 49-76 41-93 50 98

Michael Röslen
Wilhelm-Bendickstr. 35
D-37130 Gleichen OT
Große Lengden
Tel. u. Fax: 00 49-55 08-9 21 35
E-Mail: roeslen.schulze@
t-online.de

In der Schweiz:

Isabelle Köppel-Zhao
Schule für klassische Natur-
heilkunde
Schöntalstr. 21
CH-8004 Zürich
Tel.: 00 41-1-2 41 56 83
Fax: 00 41-1-2 41 02 04
E-Mail: info@naturheilkunde.ch

Gisela Binder
Feldbergstr. 34
CH-4057 Basel
Tel.: 00 41-61-6 92 38 49
Fax: 00 41-61-6 92 35 02

In Österreich:

Ingeborg Harmtodt-Schiefer
Hotel Römerstein
Therme 18
A-8282 Therme Loipersdorf
Tel.: 00 43-33 29-4 67 77
Fax: 00 43-33 29-4 62 90
E-Mail: roemerstein@netway.at

Marina Gruber
Samsara Ayurvedic Products
Kaiser-Franz-Ring 31
A-2500 Baden
Tel. u. Fax: 00 43-22 52-8 50 87
E-Mail: marinagruber@
hotmail.com

Register

VINOD VERMA
Die Lebensküche
Meine besten Ayurveda-Rezepte

ISBN 3-87287-501-9

MARY HAHN

Vinod Verma

Die Lebensküche

Die besten Rezepte der »First Lady of Ayurveda«

Vinod Verma verrät Ihnen die Geheimnisse der ayurvedischen Küche, damit Sie mit ihren Rezepten das Gleichgewicht der Körper-Energien stabilisieren und zu Ausgeglichenheit und Gesundheit finden. Und damit Sie Ihre eigenen – Lieblingsrezepte den ayurvedischen Grundsätzen des Wohlbefindens anpassen können.

Mary Hahn

Besuchen Sie uns im Internet unter www.herbig.net

192 Seiten · ISBN 3-485-00909-1

Felicitas Waldeck
Jin Shin Jyutsu
Mit Händen heilen

Die Heilkunst Jin Shin Jyutsu aus Japan harmonisiert
Ihre Lebensenergie und löst Energieblockaden.
Durch gezieltes Auflegen der Hände am Körper, den
so genannten Energieschlössern, kann jeder seine
Gesundheit stärken, Krankheiten lindern oder
Heilung erfahren.

Von A - Z werden Beschwerden dargestellt und kon-
krete Handstellungen zur Besserung erklärt.

Das Buch bietet Selbsthilfe ohne Vorkenntnisse:
einfach und sofort anwendbar.

nymphenburger

Besuchen Sie uns im Internet unter *www.herbig.net*